Christa Ludwig

Ein Bündel Wegerich

Christa Ludwig

Ein Bündel Wegerich

Roman

OKTAVEN

Originalzitate von Else Lasker-Schüler aus Werken, Briefen, Berichten von Freunden sind kursiv gesetzt. Zitate von anderen sind durch Anführungszeichen kenntlich gemacht, der Urheber ergibt sich aus dem Zusammenhang.

Die Autorin dankt dem Förderkreis deutscher Schriftsteller in Baden-Württemberg e.V. für das Arbeitsstipendium zu diesem Buch und dem Verband deutscher Schriftsteller in Baden-Württemberg für das Reisestipendium zu Recherchen nach Jerusalem.

2. Auflage 2020

Oktaven

ein Imprint des Verlags Freies Geistesleben
Landhausstraße 82, 70190 Stuttgart
www.geistesleben.com

ISBN 978-3-7725-3008-1

ⓔ auch als eBook erhältlich

Copyright © 2018 Verlag Freies Geistesleben
& Urachhaus GmbH, Stuttgart
Gestaltungskonzept: Maria A. Kafitz
Umschlagfoto: Burt Glinn/Magnum Photos/Agentur Focus
Jerusalem, Davidsturm
Satz: Bianca Bonfert und Katja Schüch, Kirchheim unter Teck
Druck: GGP Media GmbH, Pößneck
Printed in Germany

Wo soll ich hin, wenn kalt der Nordsturm brüllt –?
– Die scheuen Tiere aus der Landschaft wagen sich –
Und ich – vor deine Tür, ein Bündel Wegerich.

Else Lasker-Schüler, *Die Verscheuchte*

Herzog von Wien, sehr lieber Dichter,

… ich habe den Ring, den Joseph von Egypten trug, als er sich seinen Brüdern zu erkennen gab …, schreibt Else Lasker-Schüler im August 1909 an Karl Kraus. *In Bagdad sagte mir mal eine Zauberin, ich hätte viele Tausendjahre als Mumie im Gewölbe gelegen und sei nicht mehr und nicht weniger als Joseph, der auf arabisch Jussuf heißt.*

Meint sie das ernst? Ihr ist völlig klar: Der Empfänger des Briefes weiß, dass sie nie in Bagdad war.

Drei Jahre später zerbricht ihr schon lange instabiles Leben, als Herwarth Walden sie verlässt. Von nun an übernachtet sie in Hotels und lebt in den Berliner Künstlercafés. Und in Theben. *In der Nacht meiner größten Not erhob ich mich zum Prinzen von Theben,* also zu der ägyptischen Existenz von Joseph, Jakobs Lieblingssohn. (Gemeint ist das ägyptische Theben, nicht das griechische.) Sie unterschreibt Briefe mit *Jussuf, Prinz von Theben,* und entwirft ihr fiktives Land in Prosaschriften und Briefen. Freunde, denen sie schon seit Jahren Phantasienamen gibt, haben darin klangvolle Auftritte. Karl Kraus bekam nicht nur den Titel *Herzog von Wien,* sondern auch *Dalai Lama.*

Verrückt?

Man sollte bedenken, dass Manipulationen an der eigenen Biografie Mode waren, besonders Orient und Indianer waren beliebt. Dem Mann, der als Kara Ben Nemsi durch die Wüste und mit Blutsbruder Winnetou durch den Wilden Westen zog, hat man die erfundenen Identitäten eine Zeitlang abgenommen. Und Rilke z.B. legte sich adlige Vorfahren zu. Während er glaubwürdig mit seiner vornehmen Herkunft aufzutreten versuchte, übersteigert Lasker-Schüler die Eingriffe in ihren Lebenslauf so, dass die dichterische Absicht erkennbar ist: *Ich bin in Theben (Ägypten) geboren, wenn ich auch in Elberfeld zur Welt kam, im Rheinland. Ich ging bis 11 Jahre zur Schule, wurde Robinson, lebte fünf Jahre im Morgenlande, und seitdem vegetiere ich.*

Sie rettet sich in Spiel und Ironie, nicht in Fantasy. Ihre Prosaschriften bilden auf ihre eigene Weise Wirklichkeit ab. Erste Teile ihres Briefromans *Malik* (Briefwechsel mit Franz Marc) konnten 1917 nur unter Schwierigkeiten veröffentlicht werden, weil sie als Antikriegsroman gesehen wurden.

Ein Bündel Wegerich ist ein Roman über zwei Jahre ihres Lebens in Jerusalem, basierend auf dem, was überliefert ist, dieses aber weiterdenkend. Sie ist nicht, wie so oft behauptet wird, einsam und verlassen im Exil gestorben. Alle Personen in diesem Buch haben damals in Jerusalem gelebt und sich, wie hier beschrieben, um sie bemüht. Die einzige erfundene Figur ist Tasso. Dieser Roman zeigt Lasker-Schüler im Alter, so, wie sie alterte, ja, sie alterte, aber ihre früheren Leben vergingen nicht, sie ist noch immer: Kind, siebzehn Jahre, junge Frau, Mutter … wie durchscheinende Diapositive sind hier ihre Lebensphasen übereinandergelegt, und je nach Lichteinfall wird mal das eine, mal das andere deutlicher sichtbar.

Christa Ludwig

Prolog auf dem Friedhof
Jerusalem 1998

Da bringen sie ihr schon wieder einen Grabstein!

Ich folge unauffällig, aus sicherer Entfernung, der deutschen Delegation, die einen schwarzen Stein durch die vielen hellen auf dem Friedhof am Ölberg trägt. Ich kann sie nicht verlieren, ich weiß, wohin sie gehen.

Warum lassen sie das nicht endlich? Die kriegen sie doch nicht unter die Erde. Nicht in ein ordentliches Grab. Sie hat ihr Geburtsdatum in allen Ausweisen gefälscht. Vielleicht hat sie uns mit ihrem Todestag genauso betrogen und sie lebt noch, eine Methusalem-alte Frau, die in Wahrheit ein junges Mädchen ist – oder ein junger Mann, das wechselte damals und es würde heute nicht anders sein.

Zum dritten Mal nun ihr Name, gemeißelt in Stein! Der erste ist der schönste. Wir brachten ihn vor 53 Jahren. Ich war Mitte zwanzig, aber nicht mehr lange, bald danach war ich ein alter Mann. Der Grabstein, der erste, leicht rosa aus Galiläastein, sollte während der jordanischen Besatzung für eine Straße quer über den Friedhof verbaut werden. Aber er war ungeeignet, groß und sperrig, man fand ihn später am Straßenrand und brachte ihn zurück. Er trägt nun eine Tafel, auf der ihr Name zum zweiten Mal steht. Sie ist weiß, jüdisch, hebräisch. Sie fällt hier

nicht auf. Und nun bringen sie einen deutschen Grabstein, schwarz, und es stehen deutsche Worte darauf.

Wie hat sie das geschafft? Sie bringt einen deutschen
Grabstein mit deutschen Worten auf den jüdischen Friedhof am Ölberg! Aber sie liegt nicht darunter. Sie wurde
auch als Tote noch einmal vertrieben, wahrscheinlich liegt
sie längst in einem Massengrab. Da ist sie immerhin nicht
allein. Sie war nicht gern allein.

Ich bleibe im Hintergrund, obwohl mich von den Deutschen, die da den schwarzen Stein bringen, niemand
kennt. Meine Erinnerung an diese Frau ist nicht mit dem
Meißel gehauen, sondern mit Tinte und Blei geschrieben.
Ich weiß genau, wo die drei Kladden sind. Ich habe sie
gehütet all die Jahre lang. Hätte ich sie veröffentlichen
sollen? Unser gemeinsames Buch – ihr letztes und mein
erstes?

«Machen Sie ein Märchen daraus», hatte sie befohlen.
«Oder was Lustiges. Auf keinen Fall was für die Literatur-
wissenschaft! Sie dürfen alles damit machen. Sie sind doch
ein Dichter!»

Während sie im Hadassah-Krankenhaus lag und starb,
habe ich die drei Kladden aus ihrem Zimmer geholt. Ich
habe sie nicht gestohlen, es war ein Auftrag. Ich habe
Kommentare an die Ränder und zwischen ihre Zeilen geschrieben, ganze Seiten hinzugefügt, aber nichts an ihren Worten geändert. Ich begann damit bald nach ihrem
Tod im Januar 1945, als man in Jerusalem noch trauern

12

konnte um gerade mal 767 Juden, deren Schiff das Britische Mandat nicht landen ließ. Ich beendete diese Arbeit, als wir allmählich erfuhren, was in diesem Deutschland wirklich geschehen war. Die Katastrophe am Ende unseres gemeinsamen Buches begann – das Datum steht noch heute in der dritten Kladde – am 20. Januar 1942. Ich alterte so schnell, wie ich langsam begriff, was an diesem Tag in Berlin am Wannsee eingeleitet wurde. Danach habe ich nie wieder eine Zeile geschrieben.

Ein dunkler Stein, schwarz und glänzend, sie tragen seine deutsche Schrift vorbei an hebräischen Buchstaben. Ich will ihn später anschauen, allein.

Die Kladden werde ich nicht suchen müssen. Ob ich ihre Schrift noch lesen kann? Vielleicht besser als meine.

Die erste Kladde
Juni 1940 bis Ende 1940

Ich hatte sie mir nicht ausgesucht. Aber ich war jung, ich brauchte etwas zum Bewundern, zum Verehren, und es musste ein großer Dichter sein, doch es gab auch in einer Stadt wie Jerusalem mit einem überproportional hohen Dichteraufkommen außer ihr niemanden, der Verse geschrieben hatte wie:

> Ich kann den Abend nicht mehr
> Über die Hecken tragen.

Mit diesem Satz ging ich tagelang durch die Stadt, bis ich ihn urplötzlich verstand, aber nicht hätte erklären können, was ich verstand. Dann sah ich sie und wusste sofort, das ist sie!, denn sie war eine stadtbekannte Kuriosität, und ich war zutiefst erschrocken.

*

Man kann hier auf keinen Fall mit Murmeln spielen.

Obwohl es Kuhlen in den Steinen gibt, die alle hell sind, nicht alle gleich, aber alle hell, und wir zwei Krücken, mein Schirm und ich, gehen stockgerade durch diese Stadt, er hat den Knick kurz vor dem Griff, ich werde schon zwei Handbreit unter dem Atlaswirbel in die Schwanenhalskurve geworfen, wir blicken nach unten und stolpern selten, und wir schauen ins Helle, Jerusalem, das – das ist eine Stadt, Jeruschalajm, auch Kriechtiere schauen ins Licht. Mein Vater warf Diamanten unter den Kies auf den Gartenwegen, nicht nötig hier, hier ist der Bodensatz hell, alles, was Steinen einfallen kann zwischen Weiß und Grau und Sand, ist über die Gehwege gelegt, wir treten auf Morgennebel, Sommerwolken, Vanillecreme, Buttersemmeln, Knochen.

Aber die Kuhlen sind klein. Wie mit dem Daumen in den Stein gedrückt. Nicht mehr als eine Murmel hat darin Platz, kaum einmal zwei. Und Murmeln sind gesellige Knicker. Sie wollen beieinander sein, ganz dicht, Vögel in einem Nest, ein Wurf junger Hunde in einem Korb, Tote in einem Massengrab.

*

Meist trug sie schwarze Männerhosen, die ihr viel zu weit waren, dazu bunte Tücher und große Ohrringe. Sie schlurfte gebeugt, in sich zusammengefallen, zart und knochig, durch die Jaffa Road. Wenn aber etwas geschah, das sie empörte oder begeisterte, sei es dass ein Eseltreiber sein Tier schlug oder ein britischer Offizier Clark Gable ähnelte oder sie in einem jungen Juden den wiedergeborenen Jonathan erkannte, dann belebte sich ihr Körper, vor allem die großen Hände, mit denen sie den Eseltreiber ohrfeigte, Clark Gable nachwinkte oder auf Jonathan wies.

Mit Ohrfeigen ging sie, wie mit den meisten Dingen, großzügig um. Das behaupteten zumindest einige ihrer

Bekannten. Betroffene? Im Juni 1940 galt der kurze Weg vom Hotel Vienna die Ben Yehuda Street hinauf, vorbei am Café Sichel und hinüber zum Hotel Atlantic als die ohrfeigenanfälligste Strecke in Jerusalem. Sie hatte nämlich im Hotel Vienna am Zionsplatz gewohnt, ihr Lieblingshotel bei allen ihren Palästinareisen. Nach Kriegsbeginn konnte sie nicht mehr in die Schweiz zurückkehren und musste das Vienna verlassen, weil es belegt war. Sie fand ein kleines Zimmer im Hotel Atlantic, aber sie vergaß nach jeder zweiten Tasse Kaffee, dass sie hatte umziehen müssen, und beendete ihre Stadtgänge regelmäßig an der Rezeption des Vienna, wo sie energisch nach ihrem Schlüssel verlangte. Wenn sie dann zum Atlantic ging, war sie schlecht gelaunt, und alle ihr Entgegenkommenden mussten mit Ohrfeigen rechnen, auch wenn sie keine Esel prügelten, es genügte, dass sie weder Clark Gable ähnlich sahen noch einem wiedergeborenen Jonathan.

✳

Meine Tasche zieht mich nach unten. Sie ist schwer. Ich sollte nicht so viele Gedichte herumschleppen. Nicht solche. Aber ich kann die doch nicht auf den Caféhaustischen liegen lassen. Oder ich muss andere Gedichte schreiben. Die nicht so schwer runterhängen.

✳

Sie saß in den Cafés, trank Kaffee, aß Anisplätzchen und schrieb Gedichte auf Rechnungen, Speisekarten und Zeitungsränder. Manchmal, wenn sie dann in ihrem Zimmer die Gedichte auspackte und fremde Rechnungen fand, ging sie zurück ins Café und wollte zahlen. Wenn man ihr sagte, das sei nicht ihre Rechnung, das müsse sie nicht zahlen, es sei auch schon bezahlt, wurde sie wütend und schrie, sie sei kein Bettler und schon gar kein Schmarotzer, sie sei reich. Oder aber sie knallte eine fremde Rechnung auf die Kuchentheke, behauptete, das habe sie nicht verzehrt, und verlangte das Geld zurück. So oder so – auf der Rückseite standen Gedichte.

Ich saß oft drei Tische von ihr entfernt, gerade so weit, dass ich sie unentdeckt beobachten konnte, und ich lauerte darauf, dass sie die Zettel auf dem Caféhaustisch liegen ließ, was nur selten geschah. Das aber war dann einer jener Tage, an denen ich nichts als glücklich war und einfach vergaß, wie viele Flüchtlingsschiffe vor Haifa lagen und nicht landen durften. Ich stürzte mich, kaum war sie gegangen, auf den Zettel, las das Gedicht und lernte es auswendig.

Der Tag, an dem sie sich zu mir umdrehte, war ein Sonntag. Es waren darum mehr Juden und Araber als Engländer auf der Straße und die Stadt wirkte wie befreit vom britischen Mandat. Ich sah sie, als sie aus dem Hotel Atlantic kam und über die Ben Yehuda Street, auf der sonntags nur wenige Autos fuhren, zum Café Sichel ging. Ich ließ sie an mir vorbeigehen, schaute ihr nach, ich dachte:

Meine Lieder trugen des Sommers Bläue
Und kehrten düster heim ...

Da wandte sie sich um, wies mit dem Stockschirm auf mich, empört, sodass ich Schlimmeres als eine Ohrfeige erwartete, aber sofort sank der Zorn in ihrem Gesicht mit dem Schirm auf den Boden. Sie lächelte und ging weiter mit einer Kopfbewegung, die eine eindeutige Einladung war. Ich fühlte nach meinem Geldbeutel. Es war mir klar, dass ich würde zahlen müssen. Zum ersten Mal saß ich neben ihr an ihrem Lieblingstisch.

«Sie spionieren mir nach», sagte sie. «Was denken Sie sich eigentlich dabei?»

Ich sagte:

«Mein Herz ist eine traurige Zeit,
Die tonlos tickt.»

Und damit waren wir Komplizen.

«Ich brauche einen verschwiegenen Freund für ein Geheimnis», sagte sie. «Sie schreiben doch Gedichte?»

Ich zögerte, aber dann nickte ich, und sie nannte mich Tasso. Es war die erste literarische Auszeichnung meines Lebens und es blieb die einzige. Ich wusste damals von ihrer Angewohnheit, allen ihren Freunden andere Namen zu geben, Gottfried Benn hieß bei ihr Giselheer, der Nibelunge. Mich aber nannte sie Tasso! In diesem Augenblick war ich frei von jeglichem Zweifel an ihrer prophetischen Gabe und hielt meine literarische Karriere für gesichert.

«Ich bin eine vorzügliche Menschenkennerin», sagte sie. «Ich irre mich nie. Und Sie sind treu, Sie folgen mir schon lange. Ich glaube, Sie sind der Mann, den ich suche.»

Ich rührte in meinem Kaffee und mied ihren Blick.

Sie sagte: *«Wenn ich tot bin,*

Spiele du mit meiner Seele.»

Da schaute ich sie an. Sie grinste.

Am nächsten Tag lief ich die Ben Yehuda Street auf und ab, doch sie war nicht da, auch nicht im Sichel. Erst als ich in die Jaffa Road einbog, sah ich sie. Sie ging Richtung Altstadt und schaute sich alle paar Meter um. Als sie mich entdeckte, kam sie sofort auf mich zu. Ich verstand, dass sie mich gesucht hatte.

«Wir dürfen uns nicht mehr im Sichel treffen», flüsterte sie. «Ich muss Sie vor meinen anderen Freunden verbergen wie meinen Geliebten vor meinen Ehemännern. Verstehen Sie?»

«Nein», sagte ich.

«Gut», nickte sie, «kommen Sie.»

Wir gingen – oder schlichen – zum Hotel Atlantic und hinauf in ihr Zimmer im ersten Stock. Kurz bevor wir die Ben Yehuda Street erreichten, fuhr ein britisches Polizeiauto mit Sirene vorbei. Sie schaute ihm nach, ich nicht. Ich hätte es gar nicht bemerkt, wenn sie nicht stehen geblieben wäre. Mein Hirn war ein vollkommen unaufgeräumter Zettelkasten mit Versen, es sagte alle ihre Gedichte gleichzeitig auf und die von etlichen anderen noch dazu, ich wusste nicht einmal, von wem die einzelnen Zeilen stammten, da sagte sie: «Wahrscheinlich jagen sie wieder Extremisten. Mögen Sie Extremisten?»

Aber sie wartete meine Antwort nicht ab, ging weiter, murmelte: «Es wird Zeit, dass hier jemand etwas unternimmt.»

Ihr Zimmer war klein. Es roch nach verfaultem Fleisch.

«Für mich allein würde es schon reichen», sagte sie. «Ich bin ja bescheiden. Aber ich lebe hier mit Jussuf und David. Jussuf» – sie zeigte auf den Tisch – «braucht nicht viel Platz. Für den König ist es jedoch zu eng. Er liebt die Weite.»

Auf dem Tisch lagen Zeichnungen, ich erkannte das Motiv, das also war er: Jussuf, der Prinz von Theben, ihr Alter Ego, ihre erfundene Identität, man sprach davon in der Stadt, diese Dichterin, die Verrückte, sie nannte sich Jussuf, mit diesem Namen unterschrieb sie nicht nur ihre Briefe, und häufig blieb offen, was man als verrückter ansah, dass sie damit als Mann auftrat oder dass sie Jakobs Sohn mit seinem arabischen Namen zitierte.

Von einem David sah ich jedoch nichts.

Jussuf führte hier also eine zweidimensionale Existenz. Man konnte ihn stapeln in allen seinen Erscheinungsformen, mit seinen Kamelen und den Kuppeln seiner Paläste. Sie hatte ihn gezeichnet: von vorn mit den

Freunden, den Stern in der Stirn; allein im Profil, den Halbmond in der Schläfe; als Prinz; als Malik, erhängt in der Kammer; als gebeugten Gottsucher in der Wüste, und immer dasselbe Gesicht, ihr eigenes, vor dreißig Jahren, alles Jussuf.

«Ich habe Joseph verloren», sagte sie, «vor vielen Jahren schon. Nun aber werde ich alt und muss zurück zu den Anfängen, sonst kann ich nicht mehr schreiben. Ich werde mir Joseph jetzt neu erschreiben und Sie warten hier, ja?»

Das war eine Bitte, die flehentliche Bitte eines Kindes, das Angst hat, verlassen zu werden. Sie fing an, die Zeichnungen einzusammeln.

«Ich kann Ihnen leider keinen Stuhl anbieten. Den einen brauche ich zum Schreiben, der Schaukelstuhl gehört David. Kennen Sie Martin Buber?»

Bevor ich wusste, warum, hatte ich ein schlechtes Gewissen.

«Der Professor!», sie spuckte das Wort schräg an ihren Zeichnungen vorbei. «Was der alles weiß! Und mich verspottet er in aller Öffentlichkeit! Und in meiner Anwesenheit!»

Ich ging nicht darauf ein. Ich war selber in dem Vortrag gewesen, in dem Buber gesagt hatte, was Leute für Visionen hielten, seien Wahnvorstellungen. Da war sie aufgestanden und hatte den Saal empört verlassen. Einige hatten gelacht, auch ich. Und nun stand sie da, ihre Zeichnungen im Arm und sie sagte: «Und ich habe Visionen! David kommt zu mir, mal als singender, Harfe spielender Trostspender für den wahnsinnigen Saul, mal als Krieger, als tollkühner Kämpfer gegen die Philister, die Schleuder in der rechten Hand, Steine in der linken, mal als gebrochener Sünder heim in die Paläste schleichend von einer verbotenen Liebesnacht mit Bath Seba. Sehen Sie nur ...»

Ich sah nichts.

«... heute ist er kindlich jung, der Hirtenknabe, nicht der König. Er hat den Irrsinn noch nicht flackern sehen im Auge des tobsüchtigen Saul, er kennt nur das Flackern des Hirtenfeuers, das ihm die Hände erwärmt, Finger wie Harfensaiten, die klingen in hell auflodernden Flammen, wenn er die Holzscheite richtet, David ganz ohne Goliath, die Schleuder, erschlafft in der Linken, hat noch keinen Stein geworfen, der auf einen Menschen gerichtet ist.»

Sie legte David, dem unsichtbaren Hirtenknaben im Schaukelstuhl, Jussuf, den Prinzen von Theben, hand-koloriert, in den Schoß.

«David», flüsterte sie, «erkennt den Gezeichneten, das Mondmal in der Schläfe, das Sternzeichen auf der Stirn, durch Mond und Sterne gehen Träume ein und aus.»

Sie gab dem Schaukelstuhl einen kleinen Schubs. Sachte schaukelte der Sänger das Bildnis des Träumers.

Der Tisch war frei.

Und zum ersten Mal sah ich die Kladde, eine schwarze große Kladde, liniert, sie schrieb auf eine der ersten Seiten:

*

Joseph hieß der glänzende, schwarze Knopf, nachtschwarz mit goldenen Punkten, mit goldenen Punkten wie Sterne.

*

Ihr zuschauen, wie sie schrieb! Nicht mehr heimlich, wie sonst im Café Sichel, drei Tische von ihr entfernt und nur aus den Augenwinkeln blickend. Sie hatte mich gebeten zu bleiben. Sie brauchte mich. Ich war Teil ihres Gedichts.

*

Meine liebe Mutter hatte mir das Kästchen mit den Knöpfen geschenkt, weil ich mich immer so langweilte. Es war eine hölzerne Schatulle mit Intarsien auf dem Deckel. Unter Schnörkeln und Ornamenten aus poliertem Holz, pinienhell, kirschbaumrot, ebenholzdunkel, wohnten und hausten die Abgerissenen, die Herabgefallenen oder jene, die ihr fadenscheinig gewordenes Kleidungsstück überlebt hatten. Die meisten waren runde Scheiben aus Holz, Metall oder Perlmutt mit zwei oder vier Löchern. Das waren die einfachen Leute. Sie passten an Schürzen, Arbeitshemden, Alltagskleider. Ging einer verloren, fand sich immer ein ähnlicher in der Schatulle, der seinen Dienst übernehmen konnte. Man suchte nicht lang nach dem Vermissten, irgendwann wurde er mit Brotkrumen und Kartoffelschalen zusammengekehrt, notdürftig gereinigt und in die Schatulle geworfen, auf die rechte Seite, in das große Fach zu all den anderen schlicht durchlöcherten Scheiben, Werktagsknöpfe, die nur eine Aufgabe hatten in diesem Leben, nämlich durch ein Knopfloch zu schlüpfen und zwei Teile eines Kleidungsstückes zusammenzuhalten.

Auf der linken Seite des Kästchens residierten in separaten, sorgsam mit rotem Samt ausgeschlagenen Zimmern die feineren Leute. Da hatte jede Familie ihren Wohnsitz, gleichartige, gleichfarbene Knöpfe in groß und klein, die großen hatten sich einmal über Brust und Bauch eines Abendmantels gereiht, die kleinen breite Manschetten der Ärmel geschlossen. Auch hier gab es noch Unterschiede, elfenbeinerne und goldene, einige aus Schildpatt und Bernstein. Die sahen aus wie erstarrte Honigtropfen, immer leckte ich mir die Finger, wenn ich die berührt hatte, und immer schmeckten die Finger süß. Das kam aber nicht von dem Bernstein. Alles war süß in meinem Leben, als ich fünf Jahre alt war, später erst schmeckten die Finger salzig, wenn ich daran leckte. Eines aber war all den Knöpfen in den Samtkammern gemein: sie waren Kugeln, Halbkugeln, Kugelsegmente, keiner von ihnen war durchlöchert, durchbohrt. Die mit Löchern warf ich alle ohne jedes Erbarmen auf die rechte Seite in das große, übervolle Sammelabteil.

Die adligen Knöpfe in den samtenen Herrensitzen hatten auf ihrer Unterseite ein kleines metallenes Plättchen eingelassen, und daran war eine Öse befestigt, damit man auch sie annähen konnte an Taft, Flanell und Seide. Bei Joseph fehlte diese Öse, sie war irgendwann einmal abgebrochen, diese einzige Stelle, die seinen Sternenhimmel mit Stoff verband. Wenn aus dieser Gesellschaft einer verloren ging, weil ein mürbe gewordener Faden ihn nicht mehr hielt an einem Nachmittagskleid oder einem Gehrock, dann lagen sie auf den Knien, das Dienstmädchen und die Köchin, das Kindermädchen und der Hauslehrer, krochen über Parkett und Teppiche, tasteten unter Empire-Kommoden und Biedermeierschränken und suchten nach dem verlorenen Knopf. Am eifrigsten suchte ich selber, auch meine Schwestern, Anna zumindest, wenn die auch schon elf war, und häufig drückte sogar Paul, der jüngste meiner drei Brüder, die Bügelfalten seiner neuen Hosen platt. Allein schon wegen Paul liebte ich verlorene Knöpfe. Denn Paul war nun dreizehn, im letzten Jahr so rasch emporgewachsen, dass ich den Kopf weit in den Nacken legen musste, wenn ich zu ihm aufschaute, und da sieht man ja nichts als Nasenlöcher. Und weil Paul mich nicht auf den Arm nahm, wie meine angebetete Mutter, war Knöpfe suchen meine einzige Gelegenheit, seinem schönen Gesicht ganz nah zu sein. Wir machten ein Spiel daraus, jagten um Sessel und Tischbeine, als sei so ein Knopf ein fliehendes Karnickel, wir stießen die Köpfe gegeneinander und grinsten uns an, denn Paul kannte mein Geheimnis und hütete es. Wenn nämlich ich so glücklich war, den vermissten Knopf zu finden, so schloss ich schnell die Hand um diese Beute, diesen Schatz, und suchte eifrig weiter, bis man aufgab und sich mit dem Verlust abfand. Ich wusste, was dann stets geschah. Alle gleichgeformten Verwandten des Verlorenen wurden von dem betreffenden Kleidungsstück abgeschnitten und bezogen einen Ruhesitz in der Schatulle. Da konnte ich meinen Fund dann dazulegen, es zählte niemand mehr nach, und ich hatte eine neue Familie von höherem Stand. Sechs Familienmitglieder waren es mindestens, die auf diesem Weg in das Kästchen einzogen, meist mehr, und immer fügten sie sich in Sippschaften und Großfamilien, ich erkannte die Ähnlichkeit von Vettern und Cousinen, was nicht blutsverwandt war, war angeheiratet und hing über drei Knöpfe wieder mit diesen zusammen. Nur Joseph nicht, Joseph aus Jett, nachtschwarz mit goldenen Punkten wie Sterne. Der war einzig und blieb allein und hatte keine Brüder.

Nicht einmal eine Öse hatte er an seiner Unterseite, somit bestand keinerlei Hoffnung, ihn jemals wieder mit Stoff zu verbinden. Hat er überhaupt einmal eine Öse gehabt? War er nicht so wenig mit den anderen verwandt, dass er nur äußerlich wie ein Knopf erschien, in Wahrheit aber keiner war, niemals einer gewesen war und nur an seiner Oberseite als ein solcher auftrat, weil er denn doch irgendwo, wenn schon nicht an einem Kleidungsstück, so in jener Schatulle, ein Domizil haben musste. War es so? Es war nicht so. An seiner Unterseite verblieb die Stelle, wo die Öse abgerissen war, wie eine Wunde, ehemals scharfkantig, inzwischen abgeschliffen an marmornen Tischen und Fensterbänken, auch auf dem Parkett, das hatte Kratzer gemacht, nun machte es keine mehr, die Wunde war verheilt, es blieb eine Narbe, die eindeutig bewies, hier war einmal etwas gewesen, Joseph war ein Knopf wie die anderen Knöpfe auf dieser oder jener Seite der Schatulle.

*

Und ich stand noch immer mitten im Zimmer. Ich konnte mich nicht einmal an die Fensterbank oder wenigstens an eine Wand lehnen, und die Hoffnung, dass sie ein Gedicht von höchstens drei Strophen schreiben würde, hatte ich inzwischen aufgeben müssen.

*

Ich gab ihm eine eigene Kammer, mal ganz am Rande, mal mittendrin. Die anderen Herrschaften mussten dann umziehen. Das taten die gar nicht gern. Es waren sesshafte Leute, und Joseph war nicht besonders beliebt. Er brachte Unruhe in das feste Gefüge der Sippschaften und Familien, und nicht nur weil die umziehen mussten. Immer kollerten ein paar bislang nicht unangenehm aufgefallene Silber- oder Elfenbeinknöpfe aus ihrem Stammsitz in Josephs einsames Domizil, es war, als ob er sie anziehe, ja, einige der durchlöcherten, unscheinbaren Scheiben sprangen über die Barriere ins andre Abteil, in Josephs roten Samt, und manchmal, wenn ich nicht gut aufpasste, fiel er mir gar selber in die rechte Hälfte, in das Gedränge der Durchbohrten und Durchlöcherten, wo er doch überhaupt nicht hingehörte. Oder?

Einige gab es auf der samtenen Seite der Schatulle, die Joseph etwas weniger fremd schienen. Denn die hier heimischen halbkugeligen Schönheiten aus Bernstein und Elfenbein hatten keineswegs nur die nützliche Aufgabe, ein Kleidungsstück zusammenzuhalten. Sie waren Pracht und Zierrat zwischen Rüschen und Falten, sie sollten prunken auf Goldbrokat und Seidensatin, und manche waren zur puren Zierde aufgenäht, hatten sich niemals durch die Enge eines Knopflochs zwängen müssen, weder hinein noch hinaus. War Joseph einmal einer von denen gewesen? Wenn ich auf seinen Sternenhimmel blickte, glaubte ich es. Wenn er mir aber, mal wieder, unter die Durchlöcherten gefallen war und ich lange, befremdlich lange, darin wühlen musste, bis ich ihn endlich wiederfand, dann spürte ich, dass er sehr wohl wusste, was ein Knopfloch war.

Am liebsten schleppte ich die Schatulle unter den Tisch im großen Salon. Dort war mein Tempel. Im Rechteck der vier gedrechselten Säulen, umgeben von der geklöppelten Spitze der Tischdecke und den langen weißen Fransen, war ich Priesterin, Tempelhüterin, mehr noch: allmächtige Göttin. Denn dort kippte ich den Inhalt der Schatulle, rechte Seite und linke, wie ein böses Schicksal auf den Teppich. Und in diesen Teppich war mehr geknüpft als blumige Ranken. Zwischen Akanthusblättern und Arabesken kämpften wütende Krieger mit Schild und Spoor, auf die Rücken fliehender Hirsche sprangen gefleckte Leoparden. Ich schauderte im Dämmerlicht meines Tempels, wühlte die mit den Ösen und die Durchlöcherten wüst durcheinander, sammelte mit flatternden Händen alle wieder in die Sicherheit der Schatulle. Und jedes Mal die beklemmende Frage: Wohin ist Joseph gefallen? Gern hätte ich ihn stets als Ersten gerettet vor den Speeren der Krieger, aus den Krallen der Leoparden, aber das tat ich nicht, denn Göttinnen, auch wenn sie erst fünf Jahre alt sind, müssen gerecht sein, und daran hielt ich mich.

Wenn alle wieder geborgen waren, nur Joseph, wo immer er war, Unordnung und Unruhe in der Schatulle verbreitete, legte ich mich erschöpft auf den Teppich ohne Angst vor wilden Männern und Tieren und lauschte auf den Tritt des Vaters und der Brüder, sah blanke schwarze Schuhe vorübergehen und darüber die Bügelfalten wie Kiele von Schiffen, die in den Himmel flogen, schaute und lauschte am liebsten auf das seidene Knistern der Rüschensäume meiner Mutter.

✳

Ich sah mich um, ob ich mich nicht doch irgendwo setzen könnte. Der Fußboden war staubig, schmutzig, da verschimmelten Wurstreste. Auf ihrem Bett – aber niemals hätte ich es gewagt, mich auf ihr Bett zu setzen – räkelte sich *Der bekehrte Satan*, ihr Theaterstück, in vorerst drei Akten. Drei ist jedoch keine Frieden stiftende Anzahl für teuflische Akte auf einem Bett, zumal ihr Satan am Ende des 3. Aktes noch keineswegs bekehrt war. Ich blieb also stehen und entlastete wenigstens mal das eine, mal das andere Bein.

✳

Und doch gab es einen bösen Traum in meiner schönen Welt, eine Angst hatte ich außer der um Joseph.

Es kamen viele Gäste in das Haus meiner Eltern in der Sadowastraße. Sie saßen um den Tisch im großen Salon und lasen sich Gedichte und Theaterstücke vor, und unter diesen hatte ich Männer gesehen, die kaum Haare auf dem Kopf hatten, einige gar keine, nur einen ziemlich ergrauten Streifen fast im Genick.

«Das ist so, wenn man älter wird», hatte die Mutter erklärt und sogleich in meine erschrockenen Augen getröstet: «Nur bei Männern, nur bei Männern. Deinen schwarzen Haaren wird nichts Schlimmeres geschehen, als dass sie grau werden.»

Das hatte mich nur wenig beruhigt. Paul also würden die blonden Haare ausgehen! Wie schrecklich, wie furchtbar, wie vollkommen unvorstellbar! Das war mein böser Traum. Er wurde niemals Wirklichkeit. Paul verlor seine Haare nicht. Er starb mit 21 Jahren an einem Sonntag im Winter.

Aber ich hatte auch einen herrlichen Traum. Den konnte ich jederzeit träumen. Ich musste nur Joseph aus der Schatulle nehmen, ihn mit geschickten Fingern durch Krieger und Leoparden über den Teppich schieben, und schon spannen und webten meine Gedanken einen Stoff um den Knopf, ein Kleid, wie man es niemals, nicht auf den glänzendsten Festen in der Sadowastraße sah, einen bunten Rock, und es war jener, den Jakob seinem Lieblingssohn Joseph schenkte.

Ich kannte viele Geschichten aus der Bibel. Paul hatte sie mir erzählt, und immer wieder wollte ich die Geschichte von Joseph hören. Paul war gerne Jude. Später wollte er dann Christ werden, aber nicht weil er nicht mehr Jude sein wollte, sondern weil er Christus liebte. In jener Zeit konnte man einigermaßen unbeschadet Jude sein und reich dazu. Von dem «Hepp! Hepp, Jud!», das die anderen Kinder meinen Schwestern nachriefen, wusste ich nichts, ich ging ja noch nicht zur Schule. Damals geschah in Deutschland nichts Bedenklicheres, als dass unverhältnismäßig viele Dichter geboren wurden. Das freilich ist immer ein alarmierendes Zeichen, denn wenn die einmal so zwanzig, dreißig, vierzig Jahre alt sind, dann wollen sie ja alle etwas zu dichten haben, etwas zu klagen, zu leiden, Lob- und Jubeljahre machen Bücher nicht voll und fett. Man kann das also leicht vorhersagen: Wenn unverhältnismäßig viele Dichter geboren werden, dann müssen in dreißig, vierzig Jahren die schlimmsten Katastrophen geschehen. Ach, wenn man sie doch nur gleich in der Wiege erkennen würde, die neuen Dichter, man könnte ihnen Schilfrohrkörbchen flechten und sie auf Flüssen aussetzen, man könnte sie wilden Tieren zum Fraße vor- oder sie rechtzeitig ins Feuer werfen. Aber – würde das die Welt verbessern? Was wenn die Katastrophen nach vierzig Jahren trotz der rechtzeitig gemordeten Dichter ausbrächen? Und keine Verse wären da, keine

Reime, die das Ungeheuerliche wenigstens in Strophen auffingen, der Nachwelt in die Lesebücher druckten. Die lernt's auswendig, behält die Reime, vergisst das Unglück, ach, vielleicht doch, vielleicht hätte man mich doch rechtzeitig verbrennen sollen, ich hätte es ertragen, immer war mir diese Welt zu kalt – auf welche Weise hätte ich mehr, hätte ich weniger gelitten? Sechzig Jahre später brannten meine Bücher.

Damals brannte nichts als der schwarze Knopf in meiner Hand und das leuchtende Rot in Josephs buntem Rock, den Vater Jakob ihm schenkte, und die Eifersucht in den Herzen seiner Brüder, die den beneideten Liebling des Vaters nach Ägypten verkauften, die ein Schaf schlachteten und den bunten Rock mit dessen Blut tränkten und dem Vater sagten:

«Sieh, ist das nicht Josephs Rock? Das ist alles, was wir von ihm fanden. Ein wildes Tier muss ihn gefressen haben.»

Wusste ich, dass der bunte Rock, den ich mir erträumte, den ich um mich schlang, in dessen Ärmel ich schlüpfte, den ich am Hals verschloss mit einem schwarzen Knopf, nachtschwarz mit goldenen Punkten, mit goldenen Punkten wie Sterne, wusste ich, dass die leuchtenden Farben durchtränkt waren vom Blut eines Schafes, beschmutzt vom Verbrechen der Brüder? Ich wusste es, aber ich dachte nicht daran. Sonst wäre der Traum von Josephs buntem Rock nicht der schönste und der von Pauls Glatze nicht der böseste meiner Träume gewesen.

*

Sie hob den Kopf und schaute mich verwundert an. Dann lächelte sie.

«Sie sind ja wirklich geblieben», sagte sie. «Und sie stehen ja noch immer.»

Sie ging zum Schaukelstuhl, sammelte ihre Zeichnungen ein, trug sie zurück zum Tisch.

«Bitte», sagte sie mit einer Geste zum Schaukelstuhl.

«Und David?», fragte ich.

Sie zuckte die Achseln und lächelte.

«Er ist so gütig.»

Ich aber zögerte immer noch. Das Lächeln auf ihren Lippen verbreiterte sich zu einem Grinsen.

«Ach, Tasso», sagte sie, «so verstehen Sie endlich! Ich spiele doch nur.»

Ich setzte mich vorsichtig, hielt mich still und vermied jegliches Schaukeln. Sie stand an den Tisch gelehnt und sagte: «Wenn ich wieder mit Knöpfen spielen kann, werde ich vielleicht auch wieder Liebesgedichte schreiben, verstehen Sie?»

Ich schüttelte den Kopf. Sie erklärte, sie habe als Kind aus Knöpfen Gedichte gemacht, Knopfgedichte, sprachlos bunt. Auf dem Tisch vor dem Westfenster, er war aus

Rosenholz, habe sie Knopfzeilen unterschiedlicher Länge zu Strophen gelegt. Durch die Ulme im Garten habe die Abendsonne geschienen und eine Leopardendecke über die rosafarbene Äderung des hellen Holzes geworfen, das noch duftete, weil in dem Haus in der Sadowastraße nahezu alles neu war, und in dem gescheckten Licht verwilderten die Knöpfe zu Dschungelpflanzen und Urwaldtieren, Orchideen und Papageien, durch die, wenn der Wind die Blätter bewegte, der Jaguar schlich.

«Keine», sagte sie, «keine meiner späteren Zeilen schrieb ich auf wilderes Papier.»

Aber nicht alle Knöpfe hätten sich dort bewährt. Familien kugelig prachtvoller Mantelknöpfe versagten, sie konnten nicht still liegen, wackelten über ihren dicken Ösen und machten Kratzer ins Leopardenfell, während ein paar Durchlöcherte, am Ende der Zeile in den Reim geraten, eine erstaunliche Wandlung erfuhren: schlichtes Alltagsblech schimmerte wie poliertes Tafelsilber einer Festgesellschaft. «Und das», sagte sie, «war die große Stunde von Josephs Ösenlosigkeit, verstehen Sie?»

Ich lächelte unsicher, denn ich verstand gar nichts, ich hatte ja noch nicht gelesen, was sie geschrieben hatte.

Sie stieß sich vom Tisch ab und ging mit weiten Schritten und großen Gesten durch das kleine Zimmer.

«Joseph lag fest und sicher», deklamierte sie, «er wusste, wohin er gehörte. Niemals wackelte er in Versen und Strophen, eben weil er keine Öse hatte. Joseph adelte jede

Anapher, Joseph veredelte jede Metapher, Joseph vollendete Assonanzen, es priesen ihn Rhythmen und Alliterationen, es lobte ihn das Enjambement. Joseph, den man nirgendwo annähen konnte, war der Knopf aller Knöpfe, Joseph, der keinen Gleichklang hatte, war der Reim aller Reime, denn Joseph war das Wort aller Worte.»

Sie blieb stehen, strahlte mich an, griff nach den eben beschriebenen Blättern und drückte sie ans Herz.

«Und nun habe ich ihn wieder bei mir», rief sie, «und ich will wieder Liebesgedichte schreiben. Nichts braucht diese Welt dringender als Liebe! Dazu werde ich meinen Teil beitragen. Sie können jetzt gehen, Tasso, nein, Sie können nicht gehen! Ihre Aufgabe, Tasso, Ihre Aufgabe! Ich muss in diese Kladde schreiben können, was immer durch meinen Kopf geht, ich brauche einen Vertrauten, der die Kladde vor der Nachwelt rettet.»

«Für die Nachwelt?», fragte ich.

«Nein! *Vor* der Nachwelt», schrie sie. «Vor den Professoren. Wenn ich tot bin, Tasso, dann kommen Sie und holen diese Kladde und sie machen eine Geschichte daraus. Sie sind doch ein Dichter. Was denken Sie, warum ich Sie Tasso genannt habe?»

Wenn ich tot bin, dachte ich, *spiele du mit meiner Seele.*

Ich schwebte heim durch eine Stadt, die ohne Briten, Militär, Polizei, Sirenen und trotzdem Jerusalem war.

✳

Ohne Trudi so allein ... allein ...

Ich stehe gern am Fenster und schaue hinunter auf die Ben Yehuda Street. Das Schönste an diesem Zimmer ist das Fenster. Da unten gehen Menschen. Vom ersten Stock hat man den besten Blick, Überblick, aber nicht zu weit weg. Trotzdem bin ich hier eingesperrt. Seit ich mir vor dreißig Jahren die Haare bubenkurz schnitt, ziehe ich keine Königssöhne mehr in meine Rapunzelklause, und auch vorher haben häufiger alte Hexen als junge Prinzen daran gehangen. War es wirklich ein göttlicher Gedanke, nur einen, immer nur einen einzelnen Menschen einzunähen in eine Haut? Warum nicht zwei, wenigstens zwei? Und dann auch noch Gucklöcher lassen, dass eins hinausschauen kann aus dem kleinsten aller Gefängnisse und sehen kann: Es gibt noch mehr, oh viele, und alle gefangen, alle.

Es war eher ein göttlicher Gedanke, ein Loch zu reißen in die Haut, um dem anderen einen Eingang zu schaffen. Das ist zwar, nüchtern betrachtet, eher klein ausgefallen, aber so geschickt arrangiert, dass ich mit jedem Mann, den ich liebte, für Augenblicke befreit wurde aus allen Gefangenschaften.

Ich muss es wieder haben. Dann kann ich auch wieder Liebesgedichte schreiben, Kassiber schieben durch die Gitterstäbe meiner lebenslangen Einzelhaft, die werden dann weitergereicht von Gefangenem zu Gefangenem.

Aber meine Mutter hätte man rechtzeitig verschließen müssen, ich wollte bleiben in ihrem Leib. Nur als
ich mein Kind trug, war ich ähnlich beglückt und hätte
ihn gern in mir behalten, den Sohn. Das wäre ein erfüll-
tes und erfüllendes Leben: schwanger mit dem eigenen
Kind heimkehren in den Leib der Mutter, sein wie diese
russischen Puppen, in denen immer noch eine Puppe
ist und noch eine. Puppen sind doch ein Abbild des
Menschen. Wo gibt es solche Menschen? Dahin will ich
zurück.

Am Nachmittag kam endlich Trudi und wollte mir
Tiere zeigen. Vor Jahren war ich mit ihr im Zirkus, darum weiß sie, ich liebe Tiere, Dromedare, Pferde und
Elefanten am meisten, und Tiger und Jaguare. Inzwischen ist sie alt geworden, so alt, wie ich es jemals sein
werde, nun muss sie aufpassen, dass sie nicht älter
wird, es ist unbedacht und fahrlässig, älter zu werden
als siebzehn.

Es seien aber kleine Tiere, sagte Trudi, dafür viele,
Massen, Ameisen, ganz plötzlich in der Ben Yehuda
Street, gestern waren sie noch nicht da.

Trudi sprang die Treppen hinunter. Sie ist schneller
als ich. Ich hielt mich am Geländer, schaute nach dem
Wirt. Der ist nicht immer gut zu mir. Als ich auf die
Straße trat, blendete mich diese Sonne. Die brütete
wieder eine schlaflose Nacht aus, eine von den Julinächten, in denen meine Mutter starb. Und wir haben

doch erst Anfang Juni. Es gibt zu viele Todesnächte meiner Mutter in dieser Stadt.

Ich fand das Mädchen kniend vor einem Ameisenhaufen zwischen dem Hotel und einem Haus mit Baugerüst. In der Lücke zwischen den beiden Häusern ist eine Baustelle. An der Wand lehnt ein altes, schon lang vergessenes Fahrrad, sein einziges Rad, das vordere, halb zugeschüttet von einem Sandhaufen. Am Morgen noch war es fast verdeckt gewesen von abgestellten Brettern. Die waren nun fort, und da sah man die Ameisensiedlung, eine prächtige Burg mit sanft gewellten Terrassen, abgeflacht links, wo die Bretter standen. Dort war der Blick frei in das Labyrinth des Staates. Vorn, der Nachmittagssonne abgewandt, lag eine dreifache Reihe von Ameisenpuppen, ordentlich nebeneinander, meisterhaft getöpferte Amphoren von hellstem Ton, und ich sagte: «Theben.»

Ich zog Trudi am Arm und wir rannten zurück zum Atlantic.

Im Erdgeschoss lief ein Radio, die «Freie Stimme Palästinas», deutsch. Ich griff nach Trudis Arm. Wir drückten uns an die Fassade. So, im Radio sagen sie das. In den Zeitungen steht fast nichts, sie wollen es uns wohl verschweigen, dadurch wird aber nichts anders. Die Deutschen sind in Paris und sie werden Frankreich nicht wieder verlassen. Ich hielt Trudi die Ohren zu, das soll sie nicht wissen: Die Engländer sind jetzt allein,

allein im Kampf gegen Hitler. Da ziehe ich die Nachrichten in den Zeitungen vor. Ich riss uns los von der Wand, rannte hinauf in mein Zimmer, griff nach einer Zeitung, die Werner Kraft mir gebracht hat, und las: In der Schweiz wird ein duftender Kinofilm produziert, da kann man Blumen riechen, den frischen Teer auf der Straße und was gerade auf den Herdflammen kocht, es ist ein Liebesfilm, er heißt «My Dream» und Paul Hubschmid spielt die Hauptrolle. Clark Gable wäre mir lieber, aber ich werde wahrscheinlich niemals erfahren, wie er riecht, und außerdem bezweifele ich, dass Paul Hubschmid kochen kann, wie mag der Geruch in dem Kino sein, wenn ihm die Suppe anbrennt? Und dann? Schnitt und Liebesszene, Umarmung, Kuss und alles im Duft von angebrannter Erbsensuppe?

Ich gab Trudi meine Zigarrenkiste mit dem kleinen bunten Bild eines bolivianischen Revolverhelden. Darin sind meine Knöpfe. Meinen Kramkarton nahm ich selber, und beinahe hätte ich etwas vergessen. Ich rief: «So nicht! So doch nicht!»

Bevor wir meine Stadt für den Einzug des Herrschergeschlechts schmücken, müssen wir uns schminken.

Ich färbte uns die Augenbrauen schwarz mit Antimon, die Augenlider blau mit Lapislazuli und malte uns mit dem Zeigefinger aus zerstoßenem Zinnober je eine Rose auf die Wangen. Dann schlang ich Trudi ein paar bunte Tücher um den Kopf. Die wunderte sich.

«Sind wir Araber?»

«Aber ja doch! Araber sind schöne Menschen und sie wissen sich zu kleiden.»

Trudi ging mit der Zigarrenkiste voraus. Ich folgte mit dem Pappkarton, eine kleine Prozession, die feierlich die Insignien der Macht vor sich her trug.

Bei der Thebenburg sagte ich: «Zuerst die Knöpfe.»

Es sind nicht viele in der Zigarrenkiste. Ich habe meine Sammlung in Zürich gelassen. Joseph ist ohnehin schon lange verschollen. Immerhin, es fanden sich etliche Halbkugelige unter dem von dem bolivianischen Banditen bewachten Deckel, silberne und bernsteingelbe, auch stoffüberzogene in Rot und Blau. Das reichte für Thebens Kuppeln. Ein kleines buntes hölzernes Vögelchen in einem Käfig aus Silberdraht setzte ich dahin, wo ich die Königin vermutete. Es hat den Schnabel offen, also singt es. Aus Silberpapier, in das einmal Bonbons eingewickelt waren oder Pralinen, sorgfältig glatt gestrichen, die eingeprägten Namen der Schokoladefabriken aber noch lesbar, baute ich eine buntgoldene Stadtmauer mit einem Eingang im Stile des Ischtartores. Da platzierte ich als Wachhund meinen winzigen liegenden Dackel aus rotbraunem Glas. Seidenfetzen pikte ich auf Zahnstocher und steckte sie, vollmast gehisst, auf die Höhe zum Zeichen, dass die Königin in der Stadt sei. Aufgeregt stürzten sich die Thebetaner in ihrer noch ungewohnten Sechsbeinigkeit auf die architektonischen Wunder ihrer Hauptstadt, sammelten hastig die helltonigen Amphoren ein und trugen sie ins Innere, da sprang Trudi auf, sagte: «Ich muss heim.»

Und lief davon.

Ich muss heim – diese drei Worte verbannten mich aus meiner Stadt Theben. Ich taumelte auf die Füße, schob mich durch Leute, die um mich herumstanden, sah das Mädchen die Ben Yehuda Street hinauflaufen.

Was hat sie gesagt? Wohin will sie?

Ich durfte sie nicht aus den Augen verlieren. Energisch boxte ich mich durch russische, polnische, jiddische, deutsche Schimpfworte, wand mich durch orthodoxes Schwarz, Beduinenweiß, unterlief Kopftücher und Schleier – Trudi! noch sah ich sie –, ich trat jemandem auf den Fuß, hörte ein arabisches Schimpfwort und einen hebräischen Fluch. Es kann aber auch umgekehrt gewesen sein. Sie fluchten und schimpften, sie stritten schon wieder, die semitischen Stiefbrüder. Da konnte ich nicht vorbeigehen, Streit muss ich schlichten, aber wie hoch ich mich auch aufrichte, mein Kopf reicht in dem Zwiespalt zwischen Agal und Schläfenlocken den Männern nur bis zum Herzen. Da langte ich mit den Händen hinauf, drückte Schwarz und Weiß auseinander, Isaak bekam eine Kopfnuss, Ismael einen Nasenstüber, und ein britischer Soldat, der sich einmischen wollte, eine Ohrfeige – aber – Trudi – Trudi –

Sie war fort.

Was hat sie gesagt? Wohin will sie?

Nie werde ich erfahren, wo das ist.

Ich werde bleiben müssen, wo Heuschrecken meinen Himmel verdunkeln, wo Frösche und Kröten das Land bedecken, und Ameisen plündern Thebens Paläste.

＊

Ich hatte den ganzen Tag in der Universität verbracht, und zwar mit genau jenen Leuten, vor denen ich ihre Kladde retten sollte. Abends ging ich, sie zu suchen. Ich führte jetzt also ein Doppelleben, da war es nur richtig, dass ich auch zwei Namen hatte. Ich überlegte, ob ich ihr gestehen sollte, dass ich Sprache und Literatur studierte, und entschied, es nicht zu tun. Sie hat mich nie nach meinem eigenen Leben gefragt

Ich fand sie an diesem Abend vor dem Ameisenhaufen kniend. Sie sammelte die Knöpfe, den Dackel und alles Übrige wieder in die Zigarrenkiste mit dem bolivianischen Revolverhelden. Offenbar freute sie sich, mich zu sehen.

«Sie müssen mir helfen», sagte sie, «es geht so nicht. Mit den Liebesgedichten, meine ich.»

Ich begleitete sie hinauf in ihr Zimmer. Dort durfte ich in der schwarzen Kladde blättern, ich las und hörte ihr eine Weile nicht zu, darum wunderte ich mich, als sie sagte: «Ohne Wasser kann man nicht schwimmen, das sehen Sie ein.»

Ich nickte.

«Ich brauche ihn wirklich nur für das Gedicht. Für sonst nichts.»

Ich nickte.

«Aber ich kann doch nicht durch die Stadt laufen und einen Mann für ein Liebesgedicht suchen. Oder?»

Da nickte ich nicht mehr. Ich starrte sie einen Augenblick entsetzt an, was sie nicht bemerkte, dann hatte ich mich wieder im Griff.

Sie nahm den gläsernen Dackel aus der Zigarrenkiste und kippte die Knöpfe auf den Tisch. Dabei fielen ein paar Ameisen heraus.

«Oh!», rief sie. «Das darf nicht sein.»

Sie versuchte, die Ameisen mit der Hand vom Tisch wieder in die Kiste zu wischen. Ob es gelang, konnte ich nicht sehen.

«Heim», sagte sie, «ich bringe euch heim.»

Ich folgte ihr. Sie stolperte die Treppe hinunter. Als sie die Kiste an der Baustelle umkippte, waren keine Ameisen mehr drin. Sie stand da mit hängenden Armen, die Kiste mit dem bolivianischen Revolverhelden in einer Hand, und sah unendlich traurig aus. Auch ich fühlte plötzlich eine tiefe Traurigkeit. Den ganzen Heimweg konnte ich nichts denken als: Warum muss sie ihn suchen? Warum muss sie ihn denn suchen, den Mann für ein Liebesgedicht?

✳

Habe ihn gefunden!

Er hing im Café Sichel. Er flatterte im Wind.

Wir waren im Färberoff. Ich habe mein Geld von der Jewish Agency bekommen und Freunde eingeladen, den Pastor und den Dichter, den Professor, weil wir gerade mal nicht zerstritten sind, auch Leopold Krakauer, den Maler, und Manfred Vogel, na ja.

＊

Geld hatte sie eigentlich genug. Sie bekam, wie auch die anderen Emigranten, einen monatlichen Betrag von der Jewish Agency und zusätzlich eine beträchtliche Summe von Salman Schocken. Aber sobald sie es in den Händen hatte, gab sie es aus. Das vegetarische Restaurant Färberoff war eines ihrer Stammlokale. Manfred Vogel duldete sie in ihrem Freundeskreis, obwohl er nur Journalist war. Am liebsten hatte sie Werner Kraft, ihren Dichter. Mit Martin Buber hatte sie sich offenbar versöhnt, trotzdem – er blieb natürlich ein Gelehrter, nur ein Professor, kein Künstler. Das galt eigentlich auch für den Rabbi Dr. Kurt Wilhelm, aber der kam besser mit ihr zurecht, korrigierte auch nie, wenn sie «Herr Pastor» zu ihm sagte.

＊

Vorher fuhr ich mit dem Bus zum Jaffator und nahm noch eine gute Handvoll Bettler und Herumtreiber mit.

*

Die waren ihr wichtig. Ohne Dichter und Herumtreiber ging sie nirgendwo hin. Journalisten und Philosophen konnte sie gut entbehren.

*

Die Männer aßen nicht viel.

Ich wollte Fleisch, aber dazu hatte ich das falsche Lokal gewählt. Ich esse selten Fleisch, aber wenn man sich verlieben will und mehr als siebzig Jahre alt ist, muss man schon etwas Fleisch hinzufügen. Die Männer bestellten nur eine Vorspeise, obwohl sie mit dem Gemüse doch bestens bedient waren, da ja wohl keiner von ihnen die Absicht hat, sich zu verlieben, außerdem sind sie alle jünger als ich. Die machten das nur, damit ich nicht so viel Geld ausgeben musste. Das ärgerte mich. Ich mag nichts Kleinliches. Nur die Bettler und Herumtreiber zeigten Größe und schaufelten sich mit Löffeln, zum Teil mit Händen, riesige Portionen von vollen Tellern in die Münder. Am bescheidensten war der Pastor Wilhelm. Ich schaute ihn strafend an.

«Mein Magen, Prinz», sagte er. «Ich hatte eine

schwere Magenoperation, drei Viertel haben sie mir weggeschnitten. In den Rest passt nicht mehr hinein.»

Ich zahlte. Trauer und Verzweiflung packten mich, als ich die Geldscheine auf den Tisch legte: Rabbiner, Maler, Bettler, Herumtreiber, Dichter, Philosophen – so viele herrliche Männer umgaben mich und keiner eignet sich für ein Liebesgedicht. Sie haben kein Tigerblut. Das ist es. Ich brauche einen Mann mit Tigerblut.

Zwei Tische weiter links saß ein junger, sehr – sehr – schöner Araber, ich schaute prüfend zu ihm hinüber, ein kühnes Gesicht. Als wir das Lokal verließen, ging ich dicht an ihm vorbei. Aber seine Nähe enttäuschte, mehr als zwei, drei Zeilen waren da nicht drin.

Die Männer begleiteten mich vom Färberoff zum Hotel. Wir gingen die Ben Yehuda Street hinauf, und dort, beim Café Sichel, hing der Mann für ein Liebesgedicht. Er war eingeklemmt zwischen den beiden Leisten eines Zeitungssteckens. Aus makulaturbleichem Gesicht starrten mich seine Tigeraugen an, druckertintenschwarz. Er sieht ein bisschen aus wie Kafka. Aber schöner.

Der Wind griff in die Blätter der Zeitungen, die flatterten wie die Fahnen der Sieger, aber dann sah ich, es war nicht der Wind, die Leute reichten sich über Tische und Gänge hinweg die Zeitungen zu, wie Fahnenwerfer ihre beflaggten Stangen. Sie blätterten hastig ohne Rücksicht auf spätere Leser. Sie suchten und jagten nach etwas, als hätten sie Angst, dass es davonlaufen könnte. Das hätte der rote Richard sehen sollen, der in Berlin im Café Größenwahn die Herrschaft über die Zeitungen hatte. Der wäre dazwischengefahren, hätte zur Ordnung gerufen. Wie sorgsam hat er immer sofort von den zahlenden Kunden die ausgelesenen Blätter eingesammelt, sie aufgerollt, zurück zum Zeitungsfach getragen, sie richtig einsortiert, dass niemand *Tageblatt* mit *Morgenpost* verwechseln konnte. Hier aber ließen hastige Hände die Druckerschwärze hebräischer oder lateinischer Schriftzeichen – *Haaretz* wie *Palestine Post* – zu Fetzen zerflattern.

Werner Kraft nahm die nächste freie Zeitung von einem leeren Tisch, es war die *Palestine Post*. Auch er machte Knicke, so riss er die Blätter herum, aber nirgends dasselbe Foto oder ein ähnliches oder auch nur ein Hinweis auf den Mann mit dem Kafkagesicht und den Tigeraugen, was für eine Mischung! Da hatte jemand gemogelt, da hatte jemand ein Flugblatt zwischen die Leisten der *Haaretz* geklemmt. Werner Kraft griff danach. Der Text war hebräisch. Das kann er doch gar nicht lesen. Trotzdem war er schnell mit seinem Urteil.

«Mörder!», sagte er.

Er rollte das Blatt stramm um das Holz und legte es zurück auf den Tisch – aber wie! –, es war ein Glück, dass da niemand saß, sonst hätte er den mit dem

Mörder gleich erschlagen. Ich musste meine Entdeck-
ung verteidigen und sagte: «Er ist auch ein Dichter. Er
schreibt Gedichte!»

«Das gibt ein Unglück», sagte Kurt Wilhelm.

«Wen hat er umgebracht?» fragte ich. «Wen?»

«Noch keinen», sagte Kraft, «noch nicht. Aber ein
Mörder ist schon ein Mörder vor seinem ersten Mord.»

Da habe ich geschwiegen. Wir werden sehen.

❋

Es muss also der 20. Juni 1940 gewesen sein. Am Tag
zuvor hatten die Briten Abraham Stern freigelassen, den
Widerstandskämpfer. Ein fürchterlicher Fehler. Sie hatten
keine Ahnung, was sie damit taten. Es stand nicht einmal in den Zeitungen. So wenig wichtig nahmen sie den
Mann. Stern ging sofort wieder in den Untergrund.

❋

Ich habe mein Zimmer aufgeräumt, weil Manfred
Vogel kommt. Ich habe ihm zwei Gedichte für seine
Zeitschrift versprochen, aber ich habe keine neuen
Gedichte. Was ich wirklich von ihm will, konnte ich
so nicht sagen. Auf jeden Fall will ich einen guten Ein-
druck machen. Er soll meine gutbürgerliche Solidität
bezeugen. David musste weg, nicht nur, weil ich Vogel

den Schaukelstuhl anbieten wollte, vor allem, damit er mich nicht für verrückt hält. Martin Buber glaubt meinen Visionen nicht. Ich habe keinen Grund zu hoffen, dass ein Journalist in diesen Dingen verständiger ist als ein Philosoph. Widerstandslos verschwand der König.

Auf dem Tisch war ein Klumpen von zerlaufenem Wachs. Ich hatte die letzte schlaflose Nacht vor der Kerze Wache gehalten, bis der Docht nach vorn sank, die Flamme erlosch. Zurückgeblieben war ein Halbrund aus weißem Wachs, ein Grabmal: Vor fünfzig Jahren starb meine Mutter.

Sie war nicht alt, sie war nicht krank. Ich habe nie geglaubt, dass sie krank war. Sie ist nicht von dem hohen Turm unseres Hauses gestürzt und in die Dornen der weißen Trauerrosen gefallen, auf die der Vater so stolz war, und nicht auf die glitzernden Steine, die der Vater auf die Kieswege streute. Es haben sie keine Pferde zertreten, die in der steilen Sadowastraße die Herrschaft über ihren Wagen verloren. Keiner der sonntäglich betrunkenen Metzgergesellen, die grölend vom Waldrand hoch oben kamen, hat ihr sein blankes Messer in die Brust gestoßen. Es hat sie keiner der Blitze erschlagen, denen sie oft entgegenlief, wenn sie beim Gewitter auf den hohen, frei schwebenden Balkon des Turmes trat. Kein Unglück hat sie getötet. Ihr Auge brach. Sie sah immer so traurig, so traurig aus. Wohin sie schaute, sammelte ihr Blick alle Wehmut, alle Schwermut ein. Unter der Last der Traurigkeit brach ihr Auge.

Es war in einer Julinacht, sehr spät im Juli. Seit fünfzig Jahren kann ich in den heißen Julinächten nicht mehr schlafen. Es ist immer noch Juni und schon so heiß wie in einer Julitodesnacht. Unerträglich vervielfältigen sich in diesem Jerusalem die Todesnächte meiner Mutter. Auch darum muss ich fort aus diesem Land. In Zürich sind ihre Todesnächte seltener.

Dann kam Manfred Vogel und hatte kein geeignetes Messer mitgebracht. Das beste Messer im Hotel Atlantic hat der Wirt. Der aber will mich erstechen damit und mir keineswegs helfen, von dem Tisch ein Grabmal aus Kerzenwachs zu entfernen, das auf dem jüdischen Friedhof in Wuppertal fehlt, wo niemand die Gräber meiner Eltern und Brüder pflegt. Ich habe nur ein kleines Spielmesserchen.

«Womit essen Sie?», fragte Manfred Vogel.

«Ich beiße», sagte ich.

Es gelang uns, das Wachsgebilde mit dem Spielmesserchen vom Tisch zu lösen, und ich trug es zu dem Bücherbord.

Manfred Vogel ist nett und ließ mir den Schaukelstuhl. Ich sagte ihm, er könne ein paar Liebesgedichte haben, langfristig, wenn er mir den Abraham Stern herbeischaffe. Er denkt aber über Abraham Stern genauso wie Werner Kraft. Ich solle den britischen und arabischen Leichen folgen, wenn ich Stern suche. Hier liegen aber keine britischen Leichen rum und arabische auch nicht. Er verstand auch nicht, was Stern mit einem Liebesgedicht zu tun hat. Ich erklärte es ihm nicht. Wie sollte ich ihm, ohne ihn zu verletzen, begreiflich machen, dass er selber für diese Aufgabe so gar nicht geeignet ist. Er ist so nett. Er hat so behutsam das Wachsmal vom Tisch gelöst, und er ließ mir den Schaukelstuhl. Schaukeln beruhigt mich. Ich bin immer für Offenheit und sagte ihm, was ich wirklich von ihm wollte.

«Wenn Sie mir ein Visum besorgen, schreib ich Ihnen ein Gedicht. Sofort. Gleich auf das Visum.»

Ich hörte auf zu schaukeln, damit er verstand, dass es kein Wackeln und Wanken gab in dieser meiner Entscheidung. Ich muss zurück nach Europa, in die Schweiz, denn nach Deutschland kann ich nicht mehr. Sie haben mich ausgebürgert. Oder nach Italien. Ich sagte, ich würde dem Duce schreiben.

Auf den Duce reagierte Vogel noch entsetzter als auf Stern. Der Duce ist in den Krieg eingetreten. Natürlich weiß ich das. Ich werde ihm nicht schreiben. Das hat alles keinen Sinn mehr. Er ist heruntergekommen. *Wie kann ein Mensch so herunterkommen?* Und wie kriege ich mein Visum?

Von Zürich aus, da ist es nicht weit, da kann ich das Ohr an die Grenze legen, kann meinen ganzen Körper an die Grenze lehnen, da kann ich sie spüren und hören auf der anderen Seite, wie sie zittern vor Angst und schreien vor Schmerz. Hier kommt alles nur verdünnt an. Mit Wasser aufgegossen ist das Leid meiner Lieben, das ganze Mittelmeer ist hineingekippt in das Tränenkrüglein, Riviera und Adria, Ägäis und das Tyrrhennische Meer, gepanschter Jammer, und das lindert nicht, wie sollte es, es sind zu viel Tote mit drin, Schiffbrüchige, Ertrunkene, Seenotopfer der versunkenen Flüchtlingsschiffe, die die Briten nicht haben landen lassen und haben sie zurückgeschickt, vielleicht, ohne dass wir's merkten. Damit verdünnt man unseren Trauertrank. Bitteres Wasser.

Und darum muss ich hier weg! Was wollen wir noch hier? Glaubt immer noch einer, der Messias wird über den Ölberg durch das Goldene Tor in die Heilige Stadt einziehen und sich aufhalten bei ehrwürdigen Gräbern, in denen Tote ruhen, die im Bett gestorben sind oder bei gewöhnlichen Morden ums Leben kamen? Der Messias hat den jüdischen Friedhof auf dem Ölberg schon vergessen. Er weiß, was Leid ist. Es wird Leiden geben, die kein Tod endet, und der Messias wird es finden in jüdischen Gräbern wie es in diesem ganzen Heiligen Land nicht eines gibt. Ich muss in die Schweiz. *Ich muss der armen Wunde des Judentums näher sein.*

✳

Offenbar konnte Manfred Vogel ihr nicht helfen. Einige Monate hat sie nichts in die Kladde geschrieben. Sie war mit nichts anderem beschäftigt, als nach Abraham Stern zu suchen, den sie natürlich nie zu sehen bekam. Er organisierte im Untergrund jene Gruppe, die die Engländer später Stern-Gang nannten, der er selber den Namen Lehi gab, Lohamei Heirut Israel, Kämpfer für die Freiheit Israels. Im Café Sichel wollte sie sich mit mir nicht mehr treffen, darum saß ich Stunden im Café Imperial in der King George Street. Dahin hatte sie mich bestellt. Sie kam aber nicht. Ich trank schwarzen Kaffee, las die Zeitungen, auch die hebräischen, las von Raubüberfällen auf Banken, die niemals aufgeklärt wurden, und verdächtigte Stern. Der Jischuw lehnte den Extremisten ab, ich aber hasste ihn. Irgendwann gab ich das Warten auf und lief durch die Straßen, bis ich sie fand. Ich kannte ihre Strecken. Von der Ben Yehuda Street bog ich in die Ben Hillel ein, hielt mich dabei immer auf jener Straßenseite, auf der Rabbi Wilhelm nicht wohnte. Die Chance war groß, dass ich sie dann auf dem gegenüberliegenden Gehweg die steile Straße hinuntertaumeln oder hinaufkriechen sah, und jedes Mal war mein Erschrecken fürchterlich, denn jedes Mal hatte ich gerade etwas gedacht wie:

> An meiner Wimper hängt ein Stern,
> Es ist so hell
> Wie soll ich schlafen –

und ich sah sie und war entsetzt, wie alt und zerfallen sie war.

Im Oktober fand ihre heimliche Liebe zu Stern ein dramatisches Ende.

*

Heute habe ich die Einladungskarten für meine Lesung an alle meine Freunde verteilt, und dabei ist etwas Schreckliches passiert.

Ich bin zuerst zu Dr. Ticho gegangen, aber das Tor war zu. Hinaufklettern war nicht schwierig, doch oben merkte ich, dass meine Knochen weit älter sind, als man hier in Jerusalem glaubt.

Reisepässe und andere Ausweise sind sehr viel leichter zu fälschen als Sehnen und Gelenke. So hing ich hilflos am Rande von Tichos indischem Garten, in dem es keine Tiger gibt, nichts Gestreiftes schimmerte durch die Dschungelbäume außer dem rechten Bein der Vogelscheuche, das Teil von einem ausgedienten Stresemann ist.

Schließlich kam Dr. Ticho selbst aus dem Haus. Etwas von oben herab, weil aufgespießt auf dem Gartentor, überreichte ich ihm eine Einladung zu meiner Lesung, aber er konnte meine Schrift nicht lesen, was doch sehr seltsam ist bei einem Augenarzt. Er half mir vom Tor hinab, ich verabschiedete mich von der Vogelscheuche. Sie ist eine nahe Verwandte von mir, vielleicht brauche ich sie noch. Dann ging ich weiter zur Ben Yehuda, meiner Lieblingsstraße. Sie ist fast so steil wie die Sadowastraße in Wuppertal, in Elberfeld, wo ich einmal einen Vater hatte und eine Mutter und ein Kind war, nur dass sie heller ist, Ben Yehuda, viel heller, es ist der Stein auf dem Gehweg, der aus den Bergen gehauene Kalkstein, und oben ist kein Wald. Wenn ich aus dem Kino vom Zionsplatz komme und hinaufschaue, dann ist da oben kein Wald. Manchmal, wenn es warm ist und nicht zu heiß, ziehe ich die Schuhe aus und stehe mit bloßen Füßen auf dem Stein, der ist glatt, von vielen Sohlen poliert, aber uneben, und ich schaue hinauf und denke, da ist kein Wald, und am Sonntag kommen keine betrunkenen Metzgergesellen mit blanken Messern grölend aus dem Wald und torkeln die Straße hinunter, und man weiß nicht, wen sie verletzen, sich selbst oder andere, wenn sie stürzen, und sie stürzen, und das Wasser der Wupper ist schon so bunt und so rot. Dann ziehe ich alle Gründe, keine Angst mehr zu haben, ab von der Angst, die weniger wird, aber so langsam, wie die Tage heller wurden, daheim, bei uns, wenn es gerade erst Weihnachten war.

Seit ein paar Tagen verschließt eine Bretterwand die Baustelle. Sofort wurde sie mit Plakaten beklebt. Sofort wurden die wieder abgerissen. Die noch festklebenden Reste, die sich dem Abriss widersetzen konnten, bilden ein Muster aus Spitzen und Pfeilen, die alle auf eine Mitte gerichtet sind. Da ist eine freie Stelle, man sieht das rohe Holz der Bretter. Dieses Zentrum, auf das die Relikte von Werbung und Propaganda hinweisen, zog mich an, und obwohl ich eigentlich nur geladene Gäste wünsche, wollte ich dahin die Einladung für meine Lesung heften. Ich wühlte in der Handtasche, bis ich mir Heftzwecken in die Finger pikste. Der Schmerz war gering. Was mich erzittern ließ, war etwas anderes, das ich zuerst nicht verstand. Ich zählte die Heftzwecken, sieben, eine heilige Zahl, aber das beruhigte mich nicht, schräg hinter meiner rechten Schulter geschah etwas Ungeheuerliches. Ich blinzelte nach rechts, ohne den Kopf zu wenden, man weiß ja nie, es könnte gefährlich sein. Hinter mir stand ein junges Paar. Die Frau, ein Mädchen, sicher keine zwanzig Jahre alt, war leidlich hübsch ...

*

... «leidlich hübsch» war so ziemlich das Höchstmaß an Attraktivität, das sie einem Frauenkörper zugestand ...

*

Der Mann, gerade passend älter, gerade passend größer und erheblich anziehender ...

*

... die Skala für Männer war anders geeicht ...

*

... schien mir dennoch nicht geeignet für ein Liebesgedicht. Beide trugen kurze Hemden, ihre nackten
Arme, der linke des Mädchens, der rechte des Mannes,
waren umeinander gewunden wie Schlingpflanzen,
aber: es war keine Liebe zwischen den beiden. Was für
ein Frevel! Zwischen seinem und ihrem Unterarm war
eine gebogene, doch klare Linie, ein Strich, ein Trennstrich, keinerlei brennende Sehnsucht überschritt die
Grenze zwischen seiner nur wenig und ihrer gar nicht
behaarten Haut, weder seine noch ihre Zellkerne
stürmten die Zellwände und forderten die Auflösung
ihrer Klausur, zwei junge Menschen, dicht aneinander
geschmiegt und jeder für sich. Was für ein Frevel! Sie
schauten sich in die Augen, so zumindest wird es den
achtlos Vorübergehenden erschienen sein, sie zu ihm
auf, er zu ihr hinunter, aber mich kann da keiner täu-
schen, alles Begehren war in die Augenwinkel gerutscht,
ihr nach rechts, ihm nach links, forschend prüften sie
die Bretterwand und machten mir den Platz für die Ankündigung meiner Lesung streitig. Das waren Rivalen
schräg hinter meiner Schulter, Konkurrenten, Gegner,
Feinde.

Entschlossen umklammerte ich die piksenden Heftzwecken, riss mit der linken Hand einen Zettel aus der Handtasche, sprang vor und heftete meine Einladung auf das rohe Holz. Triumphierend schaute ich mich um. Die beiden lächelten sich an. Immerhin. So kann es beginnen. Gleich werden die Zellkerne rebellieren, dachte ich. Ich wollte nicht warten, bis die Grenze zwischen den Unterarmen fiel. Ich glaubte, einen wesentlichen Beitrag zur Rettung dieser Welt geleistet zu haben – wie irrte ich mich! –, und ging weiter zur King George Street hinauf.

Diesen Sieg wollte ich feiern. Einem meiner Freunde in Rehavia musste ich eine große Überraschung bereiten: Ich würde ihm durch das Fenster ins Wohnzimmer steigen und ihm die Einladung überreichen wie der Kurier dem Zaren eine geheime Depesche. Ich fühlte mich jung und frisch.

Wer also sollte der Glückliche sein? Werner Kraft? Gerson Stern? Leopold Krakauer? Shalom Ben-Chorin? Die ganze King George Street hinunter murmelte ich diese Namen: Kraft/Stern/Krakauer/Ben-Chorin – und wenn ich bei einem auf die trennende Linie zwischen zwei Pflastersteinen trat, sollte dieser ausscheiden. Ich musste hüpfen auf den Steinen, die ganz ungleich groß sind, und musste aufpassen, und meine Schritte fielen fast immer genau auf die Pflastersteine.

*

Dabei hatte sie für eine Frau enorm große Füße.

✳

Immerhin, kurz bevor ich Rehavia erreichte, war Kraft ausgeschieden und Shalom Ben-Chorin kam sowieso nicht infrage, weil er gar nicht in Rehavia wohnt. Um zu einem raschen Beschluss zu kommen, zählte ich Stern und Krakauer mithilfe von Müllers Esel aus, wobei Stern gewann, aber dann entschied ich kraft meiner prinzlichen Autorität für Krakauer, weil der zu ebener Erde wohnt, Stern dagegen in der 1. Etage.

Krakauers Wohnzimmerfenster, verschattet von einem alten Ölbaum, stand offen. Äußerst hilfreich war eine Blumenbank vor dem Fenster, eher hinderlich allerdings die sich mir entgegenstellende geschlossene Phalanx der Blumentöpfe auf der inneren Fensterbank. Da musste ich mir Platz schaffen und warf einen Peitschenkaktus hinunter. Leopold und Grete saßen beim Nachmittagskaffee. Leider war Trudi nicht da. Grete nahm mir die Karte ab und dankte. Ich glaube, sie haben sich gefreut.

Nachdem ich alle Karten in Rehavia abgegeben hatte, war ich müde und nahm den Omnibus zurück zur Yehuda Street.

Dort sah ich es schon von Weitem: Bis zum Straßenrand dicht gedrängt standen Leute vor meiner Einladung an der Bretterwand. Das wird voll werden in der Emet W'Emuna Synagoge am nächsten Sonntag, dachte ich, und ich glaubte, ich müsste den Pastor Wilhelm vorbereiten. Es wird voll wie am Sabbat des Versöhnungstages, dachte ich. Ich wollte meine Ankündigung noch einmal sehen und boxte mich bis zur Mitte durch. Da standen zwei Polizisten, der eine kehrte mir den Rücken zu, verdeckte die Anschrift, die er offenbar las, der andere beobachtete prüfend die Menge, die rechte Hand nah der Pistole. Als der Lesende sich umdrehte und den Blick auf die Wand freigab, sah ich es und rief entsetzt: «Meine Einladung!»

Sofort wurde ich von dem anderen Polizisten gegriffen, der meinen linken Arm schmerzhaft im Rücken verdrehte, die Pistole zog er aber nicht. Er fragte mich auf Deutsch nach meinem Namen, offenbar ein deutscher Jude in britischem Dienst, wieso kennt der mich nicht? Ich brauchte nicht zu antworten, etliche aus der Menge hatten mich erkannt, die Hand in meinem Rücken wurde milder. Ich konnte etwas vortreten und entziffern, was auf dem Plakat stand, das Fremde über meine Einladung geklebt hatten. Der Text war hebräisch und englisch:

Männer und Frauen!

Kämpfer wir alle!

Gegen britische Herrschaft, die unser Land
verschenkt!

Männer: Erschlagt den Briten wie Moshe
dereinst den Ägypter und
verscharrt ihn im Sand

Frauen: Haut Nägel durch die Schläfe dem
schlafenden Briten wie
Jael dem Sisera
Nägel bis tief in den Sand!

Männer: Hängt den Hochkommissar höher als
sein Titel ihn hebt!

Hängt ihn neben den Kolonialminister!

Hängt sie an Bäume wie Amoriter, wie Josua
hing Amoriter!

Dies Land ist unser Land!

‹Let our blood
Be a red carpet in the streets,
And on this carpet our brains
Will be like white lilies.›

Rechts unten war eine Faust, aus der Zeige- und Ringfinger aufragten, das Wappen der Lehi, Lohamei Herut
Israel, Kämpfer für die Freiheit Israels. Und die Verse sind von Abraham Stern, dem schönen polnischen
Wildjuden, dem Rebell, dem revolutionären Dichter,

dem dichtenden Revolutionär, dem Mann mit den Tigeraugen, der noch immer von allen Männern, die ich in dieser Stadt kenne, am ehesten geeignet ist für ein Liebesgedicht.

Ich blickte mich um, ratlos, sah viele bekannte Gesichter und ein nur flüchtig bekanntes sofort verschwinden, als ich es anschaute: die junge Frau, die schräg hinter meiner rechten Schulter so dicht neben einem Mann gestanden hatte, den sie nicht liebte.

Ich zitterte. So also ist das! Von solcher Art sind Sterns Granatenwerfer, Bombenleger, Heckenschützen, Plakatankleber! Was denn? Ein Mann für ein Liebesgedicht? Und seine Getreuen berühren sich ohne Liebe?

Es packte mich ein furchtbarer Zorn. Ich entzog dem jüdischen Polizisten meinen Arm, trat vor und riss das Plakat von der Wand. Rechts und links blieben Streifen, dazwischen erschien nun meines, nahezu unversehrt, zwischen Silbenbruchstücken von Mord und Buchstabenfetzen von Terror stand unter meinem Namen:

> liest am nächsten Sonntag
> *in der Doktor Wilhelmsynagoge*
> *½ 9 Uhr abends unter and.*
> *über Freundschaft und Liebe*
> *und vom gut sein*
> *für die Unkosten*
> *4 Piaster*

Letzteres hab ich wieder durchgestrichen. Ich will kein Geld verlangen. Die Leute sollen gefälligst freiwillig zahlen.

Ich zerknüllte das abgerissene Stern-Plakat, warf es in die Menge und ging. Man machte mir Platz. Niemand hielt mich auf.

Danach konnte ich nicht in mein kleines Zimmer im Hotel Atlantic hinaufsteigen. Ich brauchte einen Kaffee. Im Sichel zählte ich die übrig gebliebenen Einladungen, es sind nur zwei, die bleiben immer übrig. Eine ist für Giselheer. Dem kann ich sie nicht bringen. Dem muss ich sie schicken, ich schrieb auf die Rückseite: Herrn Gottfried Benn, Berlin. Und dann konnte ich auf keine Seite der Karte mehr schauen, ohne zu zittern. Er ist in Berlin geblieben. Man sagt, er paktiere mit den Nazis. Wenn ich doch wenigstens darum aufhören könnte, ihn zu lieben. Das Verheerende an meinen Gefühlen ist: sie hören nicht auf, sie lassen nicht nach wie andere Schmerzen. Bei niemandem, den ich kenne, ist das so. Bei allen anderen Leuten werden Gefühle irgendwann weniger und gehen dann ganz weg. Meine bleiben, sammeln sich, zanken sich, gehen keineswegs friedfertig miteinander um. Es muss mir endlich gelingen, ein paar abzustoßen, sonst werde ich noch verrückt.

Die andere Karte ist für Paul. Der ist auch in Berlin, aber tot.

✳

Ich bekam keine Einladung, weder mündlich noch schriftlich, und ich stand auch nicht vor ihrem «Plakat», das zwischen den Resten der Konkurrenz von Lehi hing. Ich hatte sie an diesem Tag überhaupt nicht gesehen und erfuhr von der geplanten Lesung lauschend im Café Sichel, wohin ich verbotenerweise geflohen war, weil ich das Alleinsein mit Sätzen wie: *Ich will in das Grenzenlose zu mir zurück* nicht mehr ertrug. Sie hatte mich vergessen. Im Sichel setzte ich mich an den Tisch neben Werner Kraft, Manfred Vogel und Leopold Krakauer. Die tauschten ihre Einladungskarten aus. Krakauer erzählte: «Und da kam sie plötzlich auf unsere Fensterbank gekrochen. Zuerst ihr Kopf, diese zerknitterte alte Schönheit, wir wissen ja alle, wie sie einmal aussah.»

Ich schloss die Augen und dachte: Ich muss ein Foto von ihr finden, ein altes …

«Sie trug», sagte Krakauer, «leuchtend orangefarbene Ohrgehänge, und ihr kleiner Körper, diese welkende Zerbrechlichkeit, warf den Peitschenkaktus von der Fensterbank. Sie schob sich zwischen unsere Orchideen und eine gerade aufgeblühte Königin der Nacht, blütenhaft anmutig, als hätten wir die Blumen allein für sie zusammengestellt, nur der Peitschenkaktus passte überhaupt nicht, aber den hatte sie ja runtergeworfen. Sie überreichte uns ihre persönliche Einladung mit einer großen Geste, aber feixend, man weiß nie, was sie nun ernst meint und wann sie heimlich lacht, über uns oder über sich selbst.

Überrascht waren wir nicht, eher erleichtert, dass wir diesmal so gut davonkamen. Letzten Monat hat sie angekündigt, sie würde uns die nächste Karte mit einem Pfeil ins Zimmer schießen.»

Werner Kraft lachte. «Und wahrscheinlich hat sie gesagt: *Ich bin doch ein Indianer.*»

«Hat sie», bestätigte Krakauer und verstummte, denn sie kam ins Café. Ich duckte mich hinter meine Zeitung.

*

Nun muss ich Herbstfarben sehen. Ich will in meinen Berliner Alleen durch die Blätter rascheln, hier aber sehe ich immer immergrüne Bäume, Zypressen und Zedern, Palmen und Johannisbrotbäume, die ihre Blätter nicht loslassen können, die sie hartnäckig, gierig, geizig festhalten und sie meinen Füßen nicht gönnen. *Was soll ich hier?* Ich bin der älteste Mensch in dieser Stadt. Niemand außer mir altert und welkt in diesem schrecklichen Land. Ich frage mich, ob man hier überhaupt eines natürlichen Todes sterben kann. Jabotinski ist tot. Er war ja auch nicht hier. Er war in Europa. Ich will nach Europa, irgendwohin, wo man sterben kann. Das kann man da gut, ja ...

*

Anfang Oktober war Wladimir Jabotinski gestorben, aber nicht in Europa, sondern in New York. Er war aus der Ferne und bis zum Schluss der Einzige gewesen, der die zerstrittenen Widerstandskämpfer gegen die Engländer einigermaßen unter Kontrolle hatte halten können. Jerusalem lebte über einem Untergrund, in dem es jetzt furchtbare Machtkämpfe zwischen den mehr oder weniger extremen Führern des Widerstands geben musste. Man rechnete mit Terroranschlägen von Stern.

❉

Ich habe nichts gegen die Gärten. Ich durfte einmal auch Schockens Garten anschauen, weil ich doch über Gärten schreiben will in meinem neuen Buch. Salman Schocken ist nett. Er ist ein sehr sehr reicher Jude, ich bin ein sehr sehr armer Jude, zusammen sind wir ganz normale Menschen, nein, Juden. Ich will –

❉

Ich habe niemals erfahren, was sie wollte, sie schrieb dies am Abend vor ihrer Lesung, brach aber mitten im Satz ab.

Obwohl sie die Schreckschusspistole vergessen hatte, war ihre Lesung in der Synagoge ein großer Erfolg. Ich hatte mich eingeschmuggelt, was ohne Einladungskarte gar nicht leicht war, aber ich konnte behaupten, es habe ein Plakat in der Ben Yehuda Street für diese Lesung geworben, es sei also eine öffentliche Veranstaltung, und da ich vier Piaster zahlte, ließ man mich ein. Sie trug ein schwarzes Husarenjäckchen, eng geschnürt, trotz der Hitze eine Pelzkappe, große korallenfarbene Ohrringe aus Glas, eine Kette aus dicken rehbraunen Glasperlen, eine weite schwarze Tafthose und schwarze Seidenschuhe, auf deren Spitzen silberne Glöckchen genäht waren. Auf dem Lesepult zwischen Kerzen – sie las bei Kerzenlicht oder gar nicht – breitete sie ihre Requisiten aus: ein Hundehalsband mit vielen kleinen Schellen, eine Rassel und eine Kinderorgel.

Ich setzte mich neben Ernst Simon, den ich von der Universität kannte, ohne zu ahnen, welche Bedeutung er bald bekommen würde, und ich erinnerte mich später, dass von diesem Mann nichts Aufregendes oder Irritierendes ausgegangen war. Sie sprach mit einem stillen, monotonen Singsang, ohne jedes Pathos und illustrierte ihre Gedichte mit leisem Klappern, Rasseln, Läuten oder ein paar dissonanten Misstönen der Kinderorgel. Niemals wird man herausfinden, warum das alles zusammenpasste, aber als ich hinterher den Saal verließ, spürte ich einen schwerelosen Taumel im Kopf. Ich fühlte mich wie vom Wind getrieben, vorbei an Werner Kraft, der, da er solche Vorstellungen schon mehrmals erlebt hatte, offenbar schon etwas abgestumpft war und an anderes denken konnte, denn er sagte zu Ernst Simon, er wisse auch nicht, was sie mit der Schreckschusspistole gewollt habe, aber er sei sehr erleichtert gewesen, als sie merkte, dass die im Hotel Atlantic geblieben war.

Trotz des Erfolges war sie unzufrieden nach der Lesung. Eine ganze Eskorte begleitete sie nach Hause. Simon war, glaube ich, nicht dabei. Sie schimpfte während des gesamten Weges, warum denn kein Mann für ein Liebesgedicht gekommen sei, nicht einer. Sie wolle endlich wieder dichten, das aber bedeute, sie müsse *Platzmachen für Gott,* sich ganz und vollständig leer machen, damit Gott einströmen könne, alles entfernen, alle Angst, alle Sehnsüchte, alle Absichten, gute wie böse, allen Hass, alle Wut, eben *Platzmachen für Gott,* nur leider müsse sie dabei natürlich auch dieses verheerende Gefühl von Verlassen-Sein entfernen, darin liege jedes Mal das Problem, Leere könne man nicht wegräumen wie anderes Gerümpel. Man müsse etwas dahin stellen, das die Leere weg-, aber keinen Platz einnähme, den sie für Gott frei halten müsse, ob er als Dichter, sie meinte Werner Kraft, das verstehe?

Er zuckte ratlos die Achseln.

Was sie brauche, sei einer, den sie lieben könne, der aber Gott nicht dauernd im Weg herumstünde wie dieser Abraham Stern, der, so habe sich erwiesen, einen vollkommen unverantwortlichen Umgang mit der Kostbarkeit körperlicher Nähe betreibe. Sie habe ihn aufgeben müssen, fühle sich aber so ohne jede Hoffnung seit der Trennung von Stern.

Kraft schaute sich hilflos um, ob da vielleicht einer sei, der raten könne, was man mit ihr in diesem Zustand machen sollte. Er ging mit ihr hinauf. Sie zierte sich etwas. Ihr Zimmer werde gerade renoviert, erklärte sie, und sei in einem chaotischen Zustand. Das war neu für mich, ich war seit Wochen nicht mehr bei ihr gewesen. Als Kraft zurückkam, hielt er die Schreckschusspistole unsicher und lächerlich vorsichtig in der Hand. Die habe tatsächlich auf dem Tisch gelegen, berichtete er, neben einem Stapel kleiner Holzplättchen, die bemalt waren mit Edelweiß und Enzian und bedruckt mit allerlei klugen Sprüchen in Frakturbuchstaben wie: ‹In meinem Zimmer rußt der Ofen, in meinem Herzen ruhst nur du.› Diese Holzplättchen habe sie vor ein paar Wochen in einem deutschen Kramladen gekauft und sie wolle sie als Unterlagen für ihre Kerzen benutzen.

«Hoffentlich rußt da wirklich nur der Ofen», sagte Kraft. Es gab aber in dem Zimmer keinen Ofen. Der Rabbi Wilhelm nahm Kraft die Pistole aus der Hand und sagte: «Die ist harmlos. Sie hätten ihr lieber die Kerzen wegnehmen sollen.»

Allmählich verteilten sich ihre Anhänger, sie gingen die Straße hinauf oder hinunter, in allen Gesichtern stand das, was man ein ungutes Gefühl nennt. Tatsächlich überließen wir sie einer Katastrophe.

＊

Es ist ein Unglück geschehen. Es kann aber auch sein, dass es ein Glück ist. Wenn es wehtut, ist das so schwer zu unterscheiden.

Mein Bett steht jetzt mitten im Zimmer. Wie auf hoher See. So kann ich nicht schlafen. Da ich aus technischen Gründen keine Liebesgedichte schreiben konnte, wollte ich an meinem Theaterstück weiterarbeiten. Die nackte Birne, die von der Decke hing, war ohne Strom. Ich zündete Kerzen an, ließ etwas Wachs auf Holzplättchen tropfen und klebte die Kerzen darauf fest.

Danach gestaltete ich meine Bühne. Das Stück spielt im Höllental, südlich der Altstadt Jerusalems, in *der Nähe des Davidturms ... In der steinern abgebröckelten alten Königsloge sitzen auf Prunksesseln unheimlich bewegungslos, bunt und golden angemalt wie die Figuren eines Panoptikums, die Könige Saul, David und Salomo.* Dieses Detail des Bühnenbildes projizierte ich in das Quadrat von den verfallenden Leisten der Kassettentüren meines Kleiderschrankes. David sitzt in der Mitte. Über seine reglosen Handrücken sollte der goldene Staub vom Sandstein des Hinnomtales rieseln. Aber er war bleich, David totenbleich zwischen Saul und Salomo, der Putz, von der Decke geklopft, hatte eine Schicht von weißem Gips über sein Gesicht und seine Hände gelegt. Auf mein Bett, zu weit im Zimmer, von der einzigen, bereits tapezierten Wand abgerückt, setzte ich die Protagonisten: Faust und Mephisto, die habe ich mir ausgeliehen von *Wolfgang Ephraim Goethe*. Sie spielten Schach auf einer Terrasse des Höllenparks. Im Untergrund versank das heranmarschierende deutsche Heer mit Hitler, Himmler und Rosenberg in höllischer Lavamasse.

Damit konnte es losgehen. Ich klatschte in die Hände. Aber nichts geschah. Ich sammelte meine schöpferischen Kräfte, konzentrierte mich auf den Höhepunkt des Dramas und verkündete, dass *Satanas aller Teufel Teufel* kapituliert habe. *Jawohl! Jedoch vor Gott dem Herrn, im vierten Akt!*

Nun hätte der Vorhang fallen sollen. Das tat er aber nicht. Ich nahm ein nicht vorgesehenes Geräusch wahr: Mephisto hat die Schachfiguren umgeworfen. *Er schnellt weit über das Schachbrett, ergreift seinen Schachkönig und sagt: Schach dem Ewigen!*

Das habe ich nicht geschrieben. Kapitulieren soll er und die Bühne verlassen als *Der bekehrte Satan*. Ich wollte dem Teufel den Schachkönig entreißen, damit er in meinem Namen nicht mehr lästern konnte, und ich sah, dass er weiterhin Böses trieb: er stellte die Figuren neu auf und spielte nun schwarz und weiß, spielte zugleich schwarz und weiß, und der Dr. Faust spielte mit.

Das ist gegen jede Regel. Ich war einmal mit einem Schachspieler verheiratet, der hatte einen Bruder, Emanuel, und der war Schachweltmeister, und wenn ich auch von diesem Spiel nicht viel verstanden habe, so habe ich doch genau beobachtet: Bernhard spielte mit Schwarz und Emanuel mit Weiß; oder Emanuel spielte mit Schwarz und Bernhard mit Weiß, so oder so, Bernhard verlor. Niemals aber mischten sich die Farben. Ich verstand mich nicht mehr, wusste nicht mehr, wer ich und wer mich war. Da fuhr ein Blitzstrahl aus der stromlosen Lampe, trennte mich vom Ich. In Augenblicken höchster Not geschehen Wunder. Ich wollte nach den Schachfiguren greifen und dabei warf ich mein kleines Spielmesserchen vom Tisch, ich hob es auf, es schnitt in meinen Finger. Da wusste ich, dass ich tun musste, was meine Protagonisten auf dem Schachbrett nicht mehr zustande brachten: Ich trennte Schwarz und Weiß, zerschnitt mich selbst in *Ich und Ich*.

In der kurzen Jerusalemer Morgendämmerung stand ich allein mit mir und mir. Ich konnte mich endlich anschauen, dem *En face begegnet das Profil*. Da brauchte ich ihn dringender als je zuvor, den Mann für ein Liebesgedicht. Zwei liebende Arme, geschlungen um mich und mich, die und nur die, können wieder zusammenfügen, was ich trennte, und dann siegt Weiß, immer, und wäre es auch Emanuel Lasker gewesen, der Schwarz gespielt hat.

Ich beschloss, durch die Cafés zu gehen und ihn zu suchen, den Mann für ein Liebesgedicht. Es wurde hell.

Aber es war sechs Uhr morgens. Wahrscheinlich schlief er noch. Also musste ich warten. Auf keinen Fall wollte ich ihn wecken.

Ich nutzte die Zeit, um die dramatischen Ereignisse der Nacht aufzuschreiben.

Dabei bin ich wohl eingeschlafen. Als ich aufwachte, roch es nach verkohltem Holz. Eines der Holzplättchen war unter einer erlöschenden Kerze angebrannt. Die Sonne scheint im selben Winkel in das Zimmer wie jeden Morgen, wenn ich zum Frühstück ins Café Sichel gehe. Ich breche jetzt auf, um ihn zu suchen. Er sollte nun ausgeschlafen sein, und wenn er ein halbwegs ordentlicher Mensch ist und nicht wieder so ein heilloser Extremist wie Abraham Stern, dann sitzt er beim Frühstück und trinkt seinen Morgenkaffee.

*

Das tat er nicht. Er war längst auf seinen langen Beinen und ging – es muss ungefähr um dieselbe Zeit gewesen sein – mit mir eine Treppe in der Universität hinauf. Und er sprach über sie. Er war selber auf mich zugekommen und hatte mich auf ihre Lesung am gestrigen Abend angesprochen.

«Können Sie auf irgendeine Weise erklären, wie diese Frau das macht?», fragte er.

Ich brachte nur ein Kopfschütteln zustande. Ich war

durchglüht von Glück und Stolz – ja es war Stolz – , dass auch dieser Mann sie bewunderte, und ich ahnte nicht, mit wem ich da die Treppe hinaufging, mit einem Freund Martin Bubers, natürlich, das wusste ich, und auch, dass Simon und Buber eine Partei gründen wollten, Ihud, die sich für einen binationalen Staat von Juden und Arabern einsetzte, das alles war mir bekannt. In wenigen Tagen sollte dieser Mann jedoch damit für mich nur noch vage beschrieben sein.

✳

Den ganzen Tag im Café Sichel gesessen. Eifersüchtig geschaut auf die geschmeidig vorbeipassierenden Körper schöner junger Männer und Frauen. Ist es nicht schlimm genug, dass mein Körper in ein Jerusalem ohne Kamele und Karawanen verschlagen wurde? Musste meine fliehende Seele auch noch in diesen verfallenden Körper emigrieren? Mit einem weichen Bleistift schrieb ich Bittgesuche auf den Caféhaustisch, Anträge auf eine Aufenthaltsgenehmigung in einem jener schönen Körper, die achtlos an mir vorübergingen, eines Mannes oder einer Frau, eines Arabers oder eines Juden, das ist mir gleichgültig, alles ist mir vertraut. Ich versicherte an Eides statt – wie oft musste ich das tun in den letzten Jahren –, dass ich in dem asylgebenden Leib keinerlei Aufruhr anzetteln würde, keiner politischen oder poetischen Tätigkeit nachgehen würde, ich würde mit meinem gastlichen Fremdkörper ganz unauffällig in der Menge verschwinden, alle Vorlieben mit ihm teilen, Kamillentee mit ihm trinken, Graupen essen und ähnliche Abscheulichkeiten hinnehmen, ohne Revolutionen im Magen anzuzetteln. Doch keiner blieb stehen und drückte mir den ersehnten Stempel auf das Visum, nur der Kellner war plötzlich da und meckerte, dass ich den Tisch verschmierte.

Ich zahlte und ging. Ohne Ziel lief ich durch die Stadt. Weder im Cinema Zion noch im Orion läuft ein neuer Liebesfilm. Beim Kaufhaus Schwarz verfolgte mich ein Gespenst. Das lief mit mir im Gleichschritt durch die Schaufensterscheiben, durch Modepuppen, Bettwäsche und Kaffeetassen, ein fremdes, gekrümmtes Wesen, das hielt sich mit einer großen schwarzen Handtasche mühsam im Gleichgewicht. Es gelang mir, den Verfolger abzuschütteln, indem ich in Nebenstraßen ohne Schaufenster floh. Da wohnt der Pastor Wilhelm. Den habe ich besucht. Er war sehr nett. Er hatte heute keine Herz- und keine Magenoperation und weder die Pest noch Malaria, also durfte ich bleiben, aber helfen konnte er mir nicht.

*

Der Rabbi hatte eine seltsame Vereinbarung mit ihr getroffen, die bestens funktionierte. Sie konnte nämlich furchtbar lästig sein und saß den Wilhelms stundenlang in der Küche. Wenn er also wirklich keine Zeit für sie hatte, ließ er ihr ausrichten, er habe die Cholera oder Typhus oder Ähnliches. Dann ging sie ohne Widerspruch. An diesem Abend war er offenbar vollkommen gesund, denn er war es, der sie zu Ernst Simons Vortrag in der Ohle Germania einlud. Hatte er vergessen, dass der Referent hebräisch sprechen würde?

✳

Ich habe alles verstanden!

Werner Kraft war auch da, obwohl der genauso wenig Hebräisch kann wie ich, und bestimmt hat er nichts verstanden. Ich hatte mich in die erste Reihe gesetzt, wie immer. Aber dann kam Martin Buber mit einer knallgelben Krawatte, liederlich locker um den Hals geschlungen, und natürlich, vorlaut wie ein Rotzbengel, marschierte seine ewige *Bubertät* auf kurzen Beinen ganz nach vorn. Dem wollte ich nicht begegnen und ich floh in die hinterste Reihe.

Zu meinem Glück! Wenn ich dem Professor jemals etwas zu verdanken habe, dann dass er mich vertrieben hat mit seinem Bergkopf. Ein Kopf wie ein Fels. Dichtes verschlungenes Bartgestrüpp aus Krüppelkiefern reicht ihm bis zur vorspringenden Felsnase. Da endet die Vegetation. Was Wunder, dass diesem Hochgebirgsgletscherschädel nur kahle, kalte Gedanken entspringen.

Er weiß von nichts als ewigem Schnee, ein Alpenmassiv auf kurzen Beinen. Aber ein anderer hatte lange Beine, wie er die Stufen zum Podium hinaufstieg! Die waren nur ein Witz für ihn, seine Füße lachten sich eins, mit einem einzigen Schritt hätte er die Treppe nehmen können, aber weil er ein so Bescheidener, so ein Vornehmer ist, tat er, als müsse er gehen wie einer von uns, von euch, ich nicht, ich kann ja fliegen und verberge es wie er seinen Gipfelschritt, einmal Hopp!, und wir treffen uns auf dem Sinai.

Er sprach über Franz Rosenzweig, den er gekannt hat, und ich habe alles verstanden. Ich brauche seine Sprache nicht, ich verstehe seine Stimme.

So saß ich im Dunkel und lauschte und war froh über das schwache Licht, in dem niemand mich beobachten konnte, denn ich schloss die Augen, wenn ich lauschte, und legte mir die Hände über die Ohren, wenn ich schaute, ihn sehen und hören zugleich wäre zu viel gewesen.

Dabei kannte ich ihn doch. Vorletzten Sabbat erst hatte ich ihn in der Synagoge gesehen. Wie kann sich ein Mensch so verändern, so schnell?

Ich sprach ihn nicht an hinterher. Ich hätte stottern müssen. Er stand auch bei Buber. Aber zwischen Werner Kraft und dem Rabbi Wilhelm kam ich dicht an ihn heran und ich sah, wie er heimging: Wo sein Schatten auf die Hauswand fiel, vergoldete sich die Fassade. Wo seine Füße den Boden berührten, werden

Archäologen nach Tempeln graben, nach Heiligtümern und Orakeln. Ich stand erschlagen und dachte: Der hat kein bisschen Tigerblut. Es muss also Liebe sein.

*

Dass auch ich in Simons Vortrag war, hatte nichts mit ihr zu tun. Ich hatte überhaupt nicht mit ihr gerechnet, weil Simon doch hebräisch sprach, also setzte ich mich ohne Scheu in ihre Blickrichtung, aber sie sah mich nicht. Manchmal schaute sie mich geradezu an und schien mich nicht zu erkennen. Ich erfuhr nicht viel über Franz Rosenzweig an diesem Abend, denn ich konnte nicht zuhören, ich saß zwischen ihr und Simon und war mit Sicherheit der Einzige im Saal, der spürte, was geschah. Ich fühlte in den kehligen hebräischen Lauten von Simons wirklich sehr klangvoller Stimme, wie ich endgültig aus ihrem zukünftigen Liebesgedicht vertrieben wurde. Die Zeilen würden sich ohne mich reimen, die Metren sich ohne mich füllen, die Strophen sich ohne mich schließen, ich hatte keine Hoffnung mehr, jemals ein Mann für ein Liebesgedicht zu sein.

*

Im Programmheft steht nichts über ihn, was ich nicht schon weiß, nur sein Geburtsjahr, aber das ist wichtig.

Was habe ich doch für ein Glück! Er ist genauso alt wie Päulchen, aber er ist nicht mein Sohn, und er ist nicht tot. Was für ein Glück!

Bin ich nicht im selben Jahr geboren? 1899 – das war das Jahr, in dem meine ersten Gedichte gedruckt wurden, und ich ging fort von dem Mann, dem einzigen, dem ich keinen Namen gab, dem ich den Namen raubte: Berthold Lasker. Ich floh aus dem Haus des Schachspielers mit meinem ungeborenen Kind. Wir wären erstickt in dem Raum mit dem gnadenlos schwarz-weiß karierten Boden. Da waren keine Atem- nur Schachzüge erlaubt, er atmete Schach! ein und Matt! aus, nur in pfeilgerader Linie konnte er schauen von schwarzem oder weißem Turm, keine Farben kannte er, nur Schwarz und Weiß, nichts Buntes in seinem Leben, er bewegte sich bestenfalls in Rösslsprüngen und Rochaden und verlor doch immer gegen seinen jungen Bruder. Er konnte nicht der Vater meines Kindes sein! Pauls Vater war *ein spanischer Prinz, den ich auf der Straße traf.*

Aber an der Zahl 1899 klebt eine andere. Die krieg ich nicht wegradiert, weil sie in Grabstein gemeißelt ist: 1927.

1899 – 1927

Ich habe in meinem Kramkarton den Brief gefunden, den ich im letzten Jahr an Paul geschrieben, aber niemals abgeschickt habe.

10. Okt. 1939

Mein kleines, geliebtes Päulchen.

Du hast mir im Traum gesagt, und ich hab in deinem Wunsch so große Sehnsucht empfunden ...

Weiter konnte ich nicht lesen, das Übrige verwirrte sich vor meinen Augen, war nicht zu entziffern, verlor sich in verzerrten Linien, in abgehackten, zerstückten, schwer verletzten Buchstaben, nicht mehr in Worte zu fassenden Chiffren von Schmerz und Qual.

Ich setzte mich an meinen Tisch und legte das Blatt zwischen die Innenflächen meiner Hände, da schmiegte es sich an, die schmerzverbogenen Zeichen auf dem Papier sind Spiegelungen der Linien meiner Hand, was die Augen nicht entschlüsseln konnten, lasen die Hände, ursprünglichste Handlesekunst.

Es war 1927. Fast täglich schrieb ich Briefe, schrieb über alles, aber nicht über Paul, meist an einen jungen Mann, den ich nur aus seinen Briefen kannte, er war ungefähr so alt wie Paul, und er hieß auch Paul. Jedes Mal, wenn ich den Namen auf den Briefumschlag schrieb: *Herrn Paul G...* tat ich es mit der Erleichterung, einen Überlebenden gefunden zu haben, einen nahezu Ertrunkenen nach einem schweren Schiffsunglück aus dem Wasser gezogen zu haben. Aber jedes Mal, wenn ich das Datum schrieb, 1927, Tag und Monat wechselten, das Jahr blieb endlos lange gleich, 1927, wusste ich: Es würde Pauls Todesjahr sein.

Im Frühjahr hatten die Mediziner ihn aufgegeben. Was die Ärzte an Hoffnung fallen ließen, sammelten meine Hände ein, um damit zu beten: Tu ein Wunder, lieber Gott, tu ein Wunder ...

Er hatte die besten Ärzte gehabt, einschließlich Professor Sauerbruch, er war in den besten Sanatorien gewesen, einschließlich Davos. Ich verdiente damals genug, um mein Leben, aber nicht genug, um sein Sterben zu bezahlen, ich zahlte mit dem Erlös von Bildern, die ich verkauft, aber noch nicht gezeichnet hatte.

Und konnte ihn nicht retten.

Im Herbst holte ich ihn nach Berlin, zum Sterben, in das große, helle Atelier eines Bildhauers in Tiergarten. Hedwig Grieger, sein altes Kindermädchen, ging mit uns. Wir betteten ihn hoch, damit er aus dem großen Fenster schauen konnte. Er fieberte bei Tag und Nacht. Das Fieber fraß alles Fleisch von seinem Körper, alles schrumpfte, wurde kleiner, nur die Augen wurden größer – und dunkler, bis wir einander anschauten mit denselben Augen, und ich dachte, die hätte ich ihm nicht vererben dürfen, die Haare ja, den Mund, aber doch nicht die Augen, solche Augen vererbt man nicht, nicht einem Kind, das man liebt. Ich empfand es als eine Schuld.

Vor dem Fenster stand ein Ahorn, der war zuerst noch voller bunter Herbstblätter, gelb und einige rosa, etwas zinnober dazwischen, dahinter der Himmel, sehr blau. Das waren die Farben, mit denen ich meine Bilder kolorierte, Theben vor dem Fenster des Sterbenden, die letzten Farben seines Lebens, auf der Bettdecke welkte seine wächserne Hand, schon herbstlicher als das Jahr, aschgrau und kalt, das Fieber wärmte die Glieder nicht mehr, und jedem Blatt, das vom Baum fiel, schaute ich nach, eins weniger, das niemals wiederkommt, für ihn nie niemals wiederkommt.

«Lass das doch», sagte er und musste husten.

Als der Sturm an einem einzigen Nachmittag alle Blätter herunterriss, lächelte er. So ein Fest in der Luft, so ein buntes!

«Theben tanzt», sagte er.

Ich nickte und flehte: Tu ein Wunder, lieber Gott, lass ihn leben, nimm mir mein ganzes buntes Theben, aber lass mir mein Kind.

Dann war der Baum kahl und der Himmel weißgrau.

«Ich mag es lieber so», sagte er, «ich war Zeichner, kein Maler, ich brauche keine Farben.»

Und der Husten schüttelte ihn und riss ihn aus den Kissen. Das alles nahm er auf sich, um mich zu trösten.

Im Dezember empfing der Baum ein neues Kleid, ein weißes, er belästigte den Zeichner nicht mehr mit Farben. Weich und weiß füllte er die feinen Verästelungen mit hellem Gefieder, und wir dachten dasselbe, beide: Der Todesengel ist gekommen.

Er hielt ihm die verwelkte Hand entgegen, aber ich trat dazwischen: Nimm mich, achte das Alter, schone die Jugend, halt dich an die gesetzesgemäße Reihenfolge ...

«Mutter, du störst ihn», sagte er.

Theben ist fort, Jussuf ist tot, ich bin ausgebrannt vom Fieber meines Kindes. Du hast den Auftrag, einen zu holen, nicht zwei, wenn du ihn wählst, nimmst du uns beide.

«Mutter, du störst ihn», sagte er.

Im Zimmer war ein Vorhang, der einen Teil des Raumes abtrennte. Wir hatten ihn aufgehängt, damit wir uns ein wenig zurückziehen konnten. Dahinter lag Hedwig und schlief. Es war mir recht, so sollte es wohl sein. Aber der Vorhang hatte nicht eine Wand werden sollen, die mich von ihm trennte. Und nun schickte er mich hinter den Vorhang.

«Ich kann nicht sterben, Mutter, bitte.»

«Du sollst nicht sterben.»

«Ich kann nicht leben, Mutter, bitte.»

Ich hatte kein lebendes Kind mehr und sollte nun nicht einmal ein sterbendes haben?

Wie ich reißen musste, dass ich loskam. Was alles von mir blieb an ihm hängen? Was alles von ihm riss ich mit? War es danach noch von irgendeiner Bedeutung, wer hier leben, wer sterben sollte? Gab es überhaupt einen Überlebenden?

Der Vorhang war dunkel. Sehr.

Hatte ich wirklich alles getan? Vier Mittel weiß der Talmud gegen die Macht des Todesengels. Eines davon hatte ich noch nicht angewandt: Ich musste seinen Namen ändern. Es ist ein alter jüdischer Brauch. Der Sterbende bekommt einen anderen Namen, einen guten, bedeutenden, in dessen Namen er Gutes tun soll, und der Todesengel geht vorüber. Ich hatte so großzügig Namen gegeben, Geliebten und Freunden Namen gegeben und hatte dies versäumt.

Leise sagte ich ihm rasch alle Namen aller Freunde, einer musste seinen hergeben, jeder von ihnen hätte es getan, aber schnell, ich hatte nicht mehr viel Zeit.

«Pull», flüsterte ich, «Plumm Pascha» – und lauschte auf seinen rasselnden Atem.

«Tristan», flüsterte ich, «mein Ritter von Gold, Gralsritter aus der Tafelrunde» – und lauschte auf seinen röchelnden Atem.

«Herzog von Leipzig», flüsterte ich, «König von Prag, Kardinal und Kaplan, Ruben, mein Bruder, Ramsenith, Senna Hoy, Prinz Sascha von Moskau ...»

Ich lauschte und hörte einen Atemzug, wie ich noch nie einen hörte, wie ein Mensch ihn nur einmal, nur einmal tut – da schrie ich: «Paul!»

Das aber hat er nicht mehr gehört.

Seitdem liebe ich einen Toten.

Ich wollte den angefangenen Brief an Paul zurück in den Kramkarton legen, aber ich konnte ihn loslassen. Ich nahm ihn noch einmal zwischen meine Hände und legte mich auf mein Bett. Der Schmerz krümmte meinen Körper, bis er in der Haltung eines ungeborenen Kindes Linderung fand. Da geschah etwas. Das Blatt glitt aus den Innenflächen meiner Hände, zurück blieb jenes sanftere Händefalten, das ohne Ineinandergreifen der Finger auskommt, das überhaupt kein Greifen mehr nötig hat, kein Klammern und kein Ringen, es war Beten, dem das Bitten abhanden gekommen war, sachtes Händehalten mit Gott. Dabei schlief ich ein.

Stunden später stach der Schmerz im Kniegelenk meines ungeschickt abgewinkelten rechten Beines mich wach. Es war dunkel. Der helle Fleck auf meinem Knie war ein Blatt Papier, ein Brief. Ich streckte das Bein aus, rieb das Knie, nahm das wohltuende Massieren meiner Finger wahr, keinen Schmerz, vor meinen Augen tanzten vier Ziffern 1-8-9-9 und ich dachte: Ich liebe ihn ... oh, wie ich ihn liebe ...

Bevor mir einfiel, wen, schlief ich wieder ein.

*

Am nächsten Tag erzählte sie so ziemlich jedem, der ihr bei ihren obligatorischen Gängen durch die Stadt über den Weg lief, dass das Jahr 1899 nie hätte zu Ende gehen dürfen.

«Nie!»

Sie stand in der Ben Yehuda Street, stach ihren Stockschirm in die Luft, und als stürme sie mit erhobenem Degen in die Schlacht, um die zu weit vorgedrungene Zeit ins 19. Jahrhundert zurückzuschlagen, stolperte sie ins Café Sichel. Es gelang Werner Kraft gerade noch, den Zeichner Miron Sima, der sich kühn auf ihren Lieblingsplatz am Straßenrand gesetzt hatte, an den Tisch neben meinem zu schieben, da zischte ihr Stockschirm über die Köpfe, knallte auf die Bordsteinkante und verhinderte ihren Sturz.

«Nie!»

«Wollen Sie einen Kaffee?», fragte Werner Kraft. «Der Kaffee ist heute ausgezeichnet. Herr Sichel sagt, es sei ein Schiff aus Südamerika an Italien vorbei bis hierher durchgekommen. Und solche Schiffe lassen die Briten natürlich anlegen.»

Man sprach in der Stadt kaum noch von etwas anderem als den Flüchtlingsschiffen voller Juden, die vor Zypern lagen, weil die Briten keine Anlauferlaubnis für Haifa gaben.

«Wissen Sie, wie viele Juden angeblich allein auf der Pazific sind?»

«Das meine ich ja», sagte sie, «das wäre alles nicht

passiert, wenn man das Jahr 1899 nicht hätte zu Ende gehen lassen. Das neue Jahrhundert hat nichts als Katastrophen gebracht. Und was für welche! Sie sehen es doch!»

Sie nahm ihre Leopardenfellmütze ab, legte sie auf den Tisch, trank den Kaffee, den Kraft ihr hinschob.

Solange sie eine Mütze trug, sah man nur ihre schwarzen Haare, am Hinterkopf aber war sie grau. Nicht darum trug sie immer diese Mützen. Sie wusste nicht, wie sie von hinten aussah, und niemand hätte gewagt, es ihr zu sagen. Miron Sima am Nebentisch rückte seinen Stuhl noch etwas weiter weg und suchte in seiner alten Ledertasche. Kraft warf ihm einen warnenden Blick zu.

«So im Juli», sagte sie, «da hätte man die Zeit anhalten sollen, Juli 1899, als ich ihn leise trampeln und boxen hörte in meinem Bauch, Päulchen, Sie wissen ja …»

Kraft nickte.

«Und ich hätte ihn immer immer bei mir, in mir behalten.»

Sima hatte seinen Skizzenblock und seinen Stift gefunden. Kraft verschob seinen Stuhl so, dass sie Sima nur schwer sehen konnte. Seit Jahren hatte sie sich weder fotografieren noch zeichnen lassen.

«Man hat es nämlich 1899 alles schon wissen können», sagte sie. «Heute Nacht habe ich es erlebt. Du willst an nichts als Liebe denken und landest mitten im Tod.»

«Wie meinen Sie das?», fragte Kraft, der ihre Aufmerksamkeit in Richtung Kaffee und Straße lenken wollte, während Sima sich gefährlich weit aus der Deckung beugte, um ihr Profil zu sehen.

«Ich meine nur», flüsterte sie, streichelte ihre Fellmütze und Sima fiel fast der Stift aus der Hand, das Lächeln, das plötzlich flink wie ein Eichhörnchen über ihr Gesicht huschte, stammte aus einer Zeit lange vor der angeklagten Jahrhundertwende, und die alte Frau, die er hatte zeichnen wollen, war nur noch auf seinem Papier, eine Skizze, die niemandem hier in der Nähe ähnlich sah. Sie streichelte den falschen Leopardenpelz, schaute die Kappe an wie ein geliebtes, aber ungehorsames Kind und sagte: «Na so was. Und dabei hat er überhaupt kein Tigerblut. Nicht ein bisschen.»

Wahrscheinlich war ich der Einzige, der zumindest ahnte, wovon sie sprach.

«Und Ihre Gedichte?», fragte Kraft. «Wenn man das Jahr 1899 angehalten hätte, wären Sie keine Dichterin geworden.»

O weh! Ich zuckte zusammen, Kraft auch, er merkte sofort, was er da Verheerendes gesagt hatte. Aber sie lächelte.

«Dummer Doktor», sagte sie. «Manchmal sind Sie nur Herr Dr. Kraft und kein Dichter. Man wird nicht irgendwann ein Dichter, man ist ein Dichter. Außerdem habe ich alle – alle – meine Gedichte mit siebzehn geschrieben. Auch die, die jetzt bald kommen, waren 1899 schon da. Nicht auf Deutsch, natürlich in meinem *mystischen asiatisch*. Ich habe seitdem nur übersetzt. Aber alle meine Verse waren 1899 da. Die Sprache ist nicht wirklich wichtig.»

«Darum», versuchte Kraft, seine Stellung als ihr Vertrauter zu retten, «haben Sie auch in dem Vortrag von Ernst Simon gestern alles verstanden?»

Sie nickte.

«Er spricht so, dass man ihn immer verstehen muss. Warum kann er so gut vortragen? Was macht er?»

«Er unterrichtet an der Universität», sagte Kraft.

Sie zuckte zusammen und starrte ihn entsetzt an.

«Was haben Sie?», fragte Kraft. «Möchten Sie noch einen Kaffee?»

Nein, sie wollte keinen Kaffee. Sie bestellte einen Cognac. Wenn sie bei all ihrer grenzenlosen Menschenliebe irgendwelche Leute verabscheute, dann waren das Lehrer.

«Aber er sieht nicht aus wie ein Lehrer. Er sieht aus wie ein Dichter.»

«Er ist fast schon Professor. Und was wäre aus dem geworden, wenn Sie das Jahr 1899 angehalten hätten? Es gäbe ihn gar nicht. Oder er wäre ein ewiger Säugling. Ich glaube, er ist im April 1899 geboren.»

«Ist er?», horchte sie auf.

«Ja. Möchten Sie den zu einem Dasein als ewiger Säugling verdammen?»

«Nein!», sie schüttelte den Kopf. «Der musste ein erwachsener Mann werden. Das ist alle Katastrophen dieses Jahrhunderts wert.»

Offenbar hatte sie ihm da schon vergeben, dass er Lehrer ist.

Die anderen merkten nichts. Sie begannen die Frage zu erörtern, ob man den Wert eines Menschen gegen die Katastrophen eines Jahrhunderts aufwiegen könne, und da sie philosophische Dispute hasste, drückte sie zornig die Leopardenfellmütze wieder auf den grauen Hinterkopf, bückte sich nach ihrem Schirm, das 19. Jahrhundert verschwand aus ihrem Gesicht, Sima konnte weiterzeichnen, aber da stand sie schon auf.

«Ihr Cognac», sagte Kraft.

«Ich mag keinen Cognac», sagte sie.

✳

Ich werde ihm schreiben.

Jussuf, Prinz, Herrscher der drei Städte Theben, Mareia-Ir und Irsahab

Der Sie verehrende ... Die Sie verehrende ...

✳

Es war die Zeit, in der immer häufiger nördlich von Haifa kleine, übervolle Schiffe mit Juden landeten. Die mussten sofort untertauchen. Wenn die Briten sie erwischten, kamen sie in das Flüchtlingslager nach Atlit. Deutsche und italienische Rundfunksender behaupteten in allen arabischen Ländern, die Schiffe kämen mit Wissen, ja auf Wunsch der Briten, die wollten Palästina vollstopfen mit Juden, und die Engländer taten alles, um dies zu widerlegen. Trotzdem protestierten die Araber in den Straßen, Stern und seine Leute blieben noch im Untergrund.

Im Hotel Atlantic in der Ben Yehuda Street saß eine alte Frau vor ihrer schwarzen Kladde und übte Anreden und Unterschriften.

✳

So endet ein Brief. Hier soll etwas anfangen, aber wie?

Adon ... Verehrter ... Professor ...

Es ist ja zu befürchten, dass er eines Tages Professor wird Apoll ... Geliebter [ist durchgestrichen]

Wieso Apoll?

✳

Da hatte er seinen Namen.

✳

Ja! Apollon! – Apoll!

Aber das will ich ihm noch nicht verraten, erst einmal vorsichtig, er muss noch nicht merken, dass es ein Liebesbrief ist, und ich werde den Brief nicht einem der roten Straßenrandmonster ins schlitzige Maul werfen. Ich gebe den eisernen Ungeheuern keine Briefe zu fressen. Oft habe ich zugeschaut, wie lieblos die Post-leute denen die riesigen Mägen entleeren, Bitt-, Ge-schäfts-, Liebes-, Droh-, Glückwunschbriefe alle ohne Unterschied in abfallartige Säcke stopfen. Ich werde auch ein Gedicht in den Umschlag tun, aber ich werde nicht in diese Kladde schreiben, welches, denn das ist ein Geheimnis und ich bin doch so eine Plaudertasche, das vertraue ich mir nicht an. Ich werde den Brief sel-ber zur Post bringen. Da habe ich einen Freund. Er ist ein guter Mann. Morgen früh wird er Dienst haben.

*

Der Hochkommissar MacMichael hatte jene verheeren-de Aussage gemacht: Kein Jude sollte nach dem Krieg in Palästina einwandern dürfen. Alle sollten zurückgeschickt werden in ihre ‹Heimatländer› – so nannte er das. Kurz danach muss sie Simon diesen ersten Brief geschrieben haben, wahrscheinlich in jener Nacht, in der Abraham Stern und seine Anhänger aus dem Untergrund ge-krochen kamen.

Die Hauptpost ist in der Jaffa Road, in der Nähe des Po-lice District Headquarters. Dort waren in der Nacht Schüs-se gefallen, bei Geschäften von Juden, die mit den Briten zusammenarbeiteten, wurden die Scheiben eingeschlagen.

*

Ich betrat die Post als junges Mädchen, ich ging als eine alte Frau.

In der Jaffa Road waren viele Polizisten. Aber in der Nähe des Police District Headquarters sind immer viele Polizisten. An der Südostseite des Gebäudes hingen die Fetzen eines riesigen Plakates der Irgun. Nur die linke untere Ecke mit dem Irgunwappen war noch da, die Hand, die das Gewehr hält. Die Hand ist überlebensgroß. Auch das Gewehr ist weit größer als das Leben. Das fand ich richtig. Größer als das Leben ist der Tod. Ich aber trug einen Liebesbrief in der Hand. Größer als der Tod ist die Liebe. Die Silhouette der Landkarte von Palästina und Transjordanien ist aber auf dem Plakat nicht einmal lebensgroß. Außerdem sieht man nur noch die Hälfte. Transjordanien ist ganz weg, von Palästina fehlt ein beträchtliches Stück. Jemand hat das Heilige Land mitten entzweigerissen.

Die Einschusslöcher in den Schaufensterscheiben sah ich auf dem Hinweg nicht. Die zusammengekehrten Scherben am Straßenrand glitzerten in der Sonne. Bei meinem Postfreund standen Polizisten. Das Dreikantholz lag mit der Aufschrift ‹Closed› vor dem Schalter. Was immer die Polizisten da zu tun hatten, sie brauchten zu lange. Ich nahm das Dreikantholz und schlug an die Scheibe. Mein Postfreund winkte mir zu, und endlich gingen die Polizisten.

Es sei nichts wirklich Schlimmes passiert, erzählte

mein Freund. Aber man wisse nicht genau, wer für den Anschlag verantwortlich sei. Das Plakat war von der Irgun. Aber die gehen nicht so radikal gegen Juden vor. Also war es wahrscheinlich Stern.

«Abraham Stern ist ein Extremist», sagte ich, «ein Gewalttäter, ein Verbrecher. Er ist vollkommen ungeeignet für ein Liebesgedicht. Ich interessiere mich nicht mehr für ihn. Außerdem habe ich einen besseren gefunden.»

Ich schob ihm den Brief unter der Scheibe durch.

«Ist Ihre Mutter immer noch in Deutschland?», fragte ich.

«Ach, in Deutschland», sagte er, «haben Sie davon gehört? In Deutschland dürfen Juden vielleicht bald keine Haustiere mehr halten. Aber meine Mutter hat doch einen Hund.»

Das traf mich tief.

«Ich habe auch einen Hund», sagte ich, «einen kleinen Dackel aus rotbraunem Glas, er liegt platt auf dem Boden, Bauch, Schwanz, Schnauze alles, wie eben nur Jagdhunde liegen, immer muss ich achtgeben, dass der Schwanz nicht abbricht.»

Da erst verstand ich, was der Mann mir gerade gesagt hatte, und ich rief laut, dass die Polizisten sich umdrehten:

«Das müssen wir verhindern! Ich werde Elisabeth Bergner schreiben. Die ist in London.»

«Bergner», sagte er, «Elisabeth Bergner, die Schau-
spielerin, ja, die hat ein schönes Gesicht. Aber was hilft
das meiner Mutter und dem Hund?»

«Ich bin eine gute Freundin von Elisabeth Bergner.
Und sie wiederum ist eine gute Freundin von der
Queen. Sie soll zu ihr gehen und ihr sagen, dass die
Juden rausmüssen aus Deutschland. Die können da
nicht bleiben. Und die Briten müssen die Juden hier
reinlassen. Dafür soll die Queen sorgen. Dann kann
Ihre Mutter kommen. Mit dem Hund. Ist es ein lang-
haariger Hund?»

«Ja. Es ist ein langhaariger Hund.»

«Das ist schlecht. Denen ist es hier zu heiß. Macht
nichts. Wir werden ihn akklimatisieren! Heut noch
bring ich Ihnen den Brief an Elisabeth Bergner. Sie
müssen ihn ganz schnell befördern. Sie sind doch bei
der Post!»

«Ja», sagte er, «die Queen hat sicher nichts gegen
Juden. Aber die Araber ...»

«Ach was», rief ich, «die Araber! Firlefanz, Mumpitz,
schlimme Ammenmärchen! Die Araber sind nett. Und
nahe Verwandte von mir. Mein Vater war Araber, meine
Mutter war Jüdin, es reicht doch, eine jüdische Mutter
zu haben, um Jude zu sein, also habe ich beschlossen,
dass mein Vater ein Araber ist, ein Scheich! Haben Sie
mal gesehen, wie die Araber schreiten können? Wie
noch die Ärmsten von ihnen ihre Füße setzen, auch

in den elendigsten Straßenstaub! Edle Menschen von hoher Gesinnung. Kennen Sie Fakhri Bey Nashashibi? Ein edler Mensch. Und er denkt wie ich. Die Araber würden uns reinlassen in dieses Land. Die Engländer auch. Nur der Mufti ist böse. Vor dem haben sie alle Angst. Der sitzt da auf dem Tempelberg in der Al Aqsa Moschee und denkt sich Böses aus.»

«Nein, nein», sagte er, «der Mufti, Sie meinen den Husseini, ja? Wissen Sie das nicht, der ist schon lang nicht mehr in Jerusalem. Der Mufti ist in Bagdad. Ja, mit den Nashashibis könnten wir reden, aber die können ja kaum noch mit ihrem eigenen Volk reden.»

«Man kann nichts machen?», fragte ich mutlos.

«Nein.»

«Und Ihre Mutter?»

«Bleibt in Deutschland.»

«Und der Hund?»

«Ach. Es ist doch ein langhaariger Hund.»

«Ja», sagte ich, «ein langhaariger Hund.»

Er legte den Brief zur Stadtpost.

«Morgen», sagte er, «morgen kommt er an.»

«Morgen», murmelte ich, «morgen. Wir müssen hoffen. Hoffen.»

Langsam schlurfte ich aus dem Postgebäude. Mein Brief ist auf dem Weg zu ihm, aber als ich aus der Post ging fühlte ich mich, als ob ich überhaupt nicht verliebt sei.

✳

Bis zum nächsten Sabbat jedoch war ihr das hundertmal wieder eingefallen. Da sah sie ihn in der Synagoge. Sie sprach ihn nicht an, aber ich merkte, wie sie ihn unauffällig belauerte. Sie begeisterte sich für seinen wirklich hübschen kleinen Sohn, und mir fiel auf, dass Simon ihr aus dem Weg ging. Er blieb immer dicht bei Martin Buber. Eine bessere Abwehr hätte er nicht wählen können. Von dem Brief, den sie ihm geschrieben hatte, wusste ich da noch nichts, ich hatte so lange keinen Blick mehr in ihre Kladde werfen dürfen. Als alle gegangen waren, blieben zwei unglücklich Liebende in der Synagoge zurück. Sie saß weit hinten und schaute auf ihre großen Hände, ich saß vorn, ich drehte mich um, starrte sie an und dachte: Bin ich verrückt? Ich empfand ihr zerknittertes Gesicht, ihren greisenhaften Körper als ein lästiges Ärgernis, das vergänglich war, sich auswachsen würde wie die manchmal etwas schlaksig unharmonischen Formen sehr junger Mädchen, ein paar Jahre noch und sie würde wieder so schön sein, wie sie es gewesen war, und dann wollte ich ein Reim in ihren Versen sein, ein paar Zeilen in einem Gedicht.

Sie blickte auf, sah mich an, lächelte aus unendlich traurigen Augen und sagte: «Tasso? Wo haben Sie sich die ganze Zeit herumgetrieben? Ich habe Sie so lange nicht gesehen.»

Sie lud mich ein, so kam ich wieder in ihr Zimmer im Atlantic und durfte in ihrer Kladde lesen, während sie im Schaukelstuhl saß und mich ängstlich beobachtete.

«Sie haben verstanden, was geschehen ist?», fragte sie leise.

Ich nickte.

«Glauben Sie, er ist der Richtige für ein Liebesgedicht?»
Ich zuckte die Achseln.

«Ich will doch nur wieder Gedichte schreiben. Die Menschen werden glücklicher und friedlicher, wenn sie meine Gedichte lesen. Und sprechen! Sie hätten Mussolini hören sollen, wenn er meinen *Tibetteppich* rezitierte. Der ist nun auch heruntergekommen, ich meine, der Duce. Und darum muss ich wieder Gedichte schreiben. Das muss er doch verstehen. Warum schreibt er mir nicht? Blättern Sie um.»

Auf der nächsten Seite stand nur ein Wort, drei Buchstaben:

✳

ach

✳

Wenige Tage später kam tatsächlich ein Brief von ihm.

Er bedankte sich für das wunderschöne Gedicht, das sie ihm geschickt hatte, äußerte seine Verlegenheit, einer Dichterin gegenüber nicht poetisch reagieren zu können, und sandte ihr dennoch ein Gedicht, das er zum Tod seines Vaters geschrieben hatte. Sie war enttäuscht, empört, verzweifelt – was mag sie erwartet haben? Ich traf sie wieder im Café Sichel, wo sie sich eigentlich mit mir nicht mehr sehen lassen wollte, aber nun war ihr alles egal, sie stellte mich sogar Werner Kraft vor und schickte ihn dann weg, sie habe Geheimnisse mit mir zu besprechen. Ich war wieder ihr Vertrauter, das war fast so gut, wie ein Mann für ein Liebesgedicht zu sein. Ich war zufrieden mit meiner Rolle in diesem Drama, nur dass Kraft sich mit einem ungezwungenen Lächeln, mit leichtem Nicken und ohne Verwunderung zurückzog, irritierte mich, und ich hatte den Verdacht, dass er in mir eine Zweitbesetzung für schlecht besuchte Werktagsvorstellungen sah. Aber ich hatte keine Zeit, darüber zu grübeln, zu spannend waren ihre neuen Pläne.

Sie entschied, diesen Mann für ein Liebesgedicht aufzugeben, steckte seinen Brief und sein Gedicht in einen Umschlag und schickte alles an ihn zurück. Ich durfte den Brief nicht lesen, darum weiß ich nicht, was sie so sehr daran aufbrachte, es stand etwas darin über ‹Maß und Methode›, das machte sie wütend. Er sei eben doch nur ein Lehrer, schimpfte sie, man könne ihr nicht kommen mit ‹Maß und Methode›! Auf der folgenden Seite ihrer Kladde hat sie die drei Buchstaben ‹ach› entweder übersehen oder ignoriert und die Seite ganz normal beschrieben, ohne das ‹ach› (Bleistift) auszuradieren. Es steht jetzt mitten in dem Wort Churchill.

*

Poetische Lösung gescheitert. Also doch Churchill! Ich habe schon mal an Churchill geschrieben. Es hat nichts genützt, aber damals war er auch noch nicht Premierminister. Er muss jetzt helfen. Oder doch poetische Lösung mit Stern? Churchill ist als Mann für ein Liebesgedicht so wenig geeignet wie Stern als Politiker. Ich muss mich entscheiden.

Wenn ich ein Gänseblümchen nähme und abzählte, käme dabei heraus: Er liebt mich nicht. Das hat er mich deutlich genug fühlen lassen. Also Churchill. Dabei habe ich nichts von ihm gewollt. Nichts! Er sollte mir Modell stehen für ein Liebesgedicht. Und es sollte – wahrhaftig – kein Aktmodell sein! Also gescheitert! Poetische Lösung gescheitert!

Dear Sir! Verry much verehrter Mister Prime Minister!

Aber ich habe vergessen, was ‹Frieden› heißt. Man kann das nachschlagen, nur, ich habe kein englisches Wörterbuch. Ich kann solche Bücher nicht leiden. Wörter im Gänsemarsch. Paarweise. So standen wir auf dem Schulhof und ich hatte Angst und stand allein, kein anderes Kind wollte meine Hand halten. Weil ich Jüdin war? Ich war ein unbekanntes Fremdwort und niemand konnte mich übersetzen. Im Lexikon sind Wörter erschlagen. Klapp zu und tot. Wenn man eins rausholt, muss man es wiederbeleben. Anhauchen.

Mund zu Mund. Also küssen. Und dann kann ich damit nur noch Liebesgedichte machen, aber doch nicht an Churchill! Ich werde ihm trotzdem schreiben. Es muss ohne das Wort ‹Frieden› gehen. Ich glaube auch, wir werden es vorerst nicht brauchen. Wie ich ohne solche Wörter leben soll, weiß ich nicht. Das sind die Wörter, die wir brauchen! Nicht ‹Maß und Methode›.

✳

Das Wort ‹peace› kam dann doch in den Brief, ich durfte helfen und ihre Rechtschreibfehler verbessern. Ob sie ihn abgeschickt hat, weiß ich nicht. Es ging ihr schlecht in diesen Wochen, ihrer Seele und ihrem Herzen. Da hatte sie ihn gefunden, den Mann für ein Liebesgedicht, und er verstand sie nicht. Sie war so dicht am unerreichbaren Glück wie die Flüchtlinge in Atlit, die, gelandet im Heiligen Land, nicht mehr betreten durften als den Boden des Internierungslagers.

Sie versuchte, sich zu retten, indem sie ihre alte Taschenuhr wieder aufzog. Die sollte ihr helfen, Ruhe zu finden. Sie nannte die Uhr ihren Urgroßvater, vielleicht meinte sie Uhrgroßvater, der sei Oberrabbiner von Westfalen gewesen, Rabbi Hirsch Cohen. Wie sie die Uhr vom Regal nahm – ihren Urgroßvater –, wie sie mit ihren großen Männerhänden – alt, faltig, fleckig – das tickende Metallgehäuse aus der bunten Herde ihrer Glastiere hob, das war von einer innigen Zärtlichkeit. Sie legte die Taschenuhr auf den Tisch und sagte: «Mein Urgroßvater. Ich habe ihn wieder aufgezogen. So bin ich doch nicht ganz verlassen. Mein Urgroßvater, wissen Sie, war ein Mann Gottes, der hatte keine Herzrhythmusstörungen wie ich. Sein Herz schlug noch genauso, wie Gott einmal das Herz geschaffen hat. Und wenn es doch einmal abgelenkt wurde durch diese Welt, dann *konnte er es aus der Brust nehmen, um den Zeiger des roten Zifferblatts wieder nach Gottosten zu stellen.* Er hilft mir, wenn ich nicht schlafen kann. Ich lege ihn mir auf die Brust und horche nur auf sein Herz, wie es pocht, so tam tam tam, auf meines, das zwischen flatternden Lungenflügeln über Rippen stolpert, höre ich nicht, und wenn ich es doch einmal so ohne jeden Rhythmus poltern höre, dann gebe ich der Uhr die Schuld. Manchmal bin ich nämlich böse, wissen Sie. Das sei die Uhr, was da so unregelmäßig tickt, sage ich dann, und ich schimpfe auf die Uhrmacher, die unfähigen, die ihre Zahnräder und Schnecken nicht zu einem verlässlichen Gleichmaß bringen können, und wenn ich immer noch Angst habe, dann um meinen Urgroßvater, dass er sterben könnte, aber das wäre ja nicht so schlimm, jetzt nicht mehr, er ist ja schon so lange tot.»

Sie wollte leben. Auch sterben. Aber meist wollte sie leben.

*

Also habe ich nun wieder keine Zeile, kein Wort, keine Silbe, geschrieben von seiner Hand, keinen einzigen Buchstaben. Warum habe ich ihm seinen Brief zurückgeschickt? Er sollte jetzt endlich kommen und ihn mir wiederbringen. Kann ich Tasso bitten, dass er mir den Brief holt? Tasso, bitte gehen Sie. Ich habe ihm den Brief nur zurückgeschickt, damit man ihn nicht eines Tages bei mir findet. Weil ihm das doch peinlich wäre. Aber ich werde schon darauf aufpassen, es gibt schließlich auch Dinge, die ich nicht herumliegen lasse in meinem *Kaschemmenleben*.

*

«Ich gehe», sagte ich, «zur Maimonstraße kann ich laufen, ich kenne ihn von der Uni, ja, vielleicht ist es besser, ich frage ihn dort, ob er Ihnen den Brief…»

«Nein», schrie sie, «ich bin keine Bettlerin. Er soll selber kommen und ihn bringen.»

Und sie presste sich die Uhr auf die Brust. Hinter ihren langen dünnen Fingern lag das tickende Gehäuse wie ein lebendes Herz in einem Käfig.

«Ich muss warten», murmelte sie, «warten, warten. Tasso, Sie wissen nur, wie schwer das ist, wenn man jung ist, also wissen Sie nichts, nichts. In Ihren schlimmsten Albträumen streift Sie nicht ein Hauch von Ahnung, wie schwer das Warten wird, wenn man alt ist. Gehen Sie! Lassen Sie mich endlich allein!»

Ich lief die Treppe hinunter und dachte:

Mein Herz ist eine traurige Zeit,
Die tonlos tickt.

In den nächsten Tagen mied ich sie und stellte mich in eine Schlange von Wartenden. Da stand ich zusammen mit vielen jungen jüdischen Männern, die sich vergeblich darum bewarben, endlich mit den Briten gegen die Deutschen kämpfen zu dürfen. Aber die Engländer hatten sich für die Araber entschieden, und das schloss die Juden aus. Die Briten brauchten die Straße von Gibraltar, und durch den Suezkanal kamen ihre Soldaten aus Indien und Australien. Ich wurde zurückgeschickt mit den vielen anderen jungen Männern, die wahrscheinlich alle mit einem Foto ihrer Geliebten in der Brusttasche in den Kampf nach Europa ziehen wollten. Auch meine Brusttasche war nicht leer. Es lag ein Zettel darin, auf dem stand:

Mein Herz geht langsam unter
Ich weiß nicht wo –
Vielleicht in deiner Hand.
Überall greift sie an mein Gewebe.

Ich war Anfang zwanzig und wollte verliebt sein, ich hielt mich für einen Dichter und wollte gern unglücklich verliebt sein, mit dem ‹Du› in ihren Gedichten ging das vorzüglich, mit dem Kameldung in ihrer Kladde hatte ich es schwerer.

✻

108

Wenn ich hier wenigstens mit Dung heizen könnte. Aber es gibt ja keine Kamele in dieser Stadt. Was ist das für ein *Kaschemmenleben*. Ohne Kamele.

✻

Und als ich ihr erzählte, dass ich mich darum beworben hatte, in den Krieg zu ziehen, da zuckte ihr Kopf und ihre schwarzen Augen funkelten mich glühend an.

«Lassen Sie das, Tasso!», rief sie. «Wir Juden kämpfen nicht in diesem Krieg. Wir sterben da nur!»

Es war November und kalt. Ihr Zimmer hatte keinen Ofen. Sie flickte ihre durchlöcherte Wolldecke und stickte Blumen über die Löcher, mit bunten Fäden, die sie gesammelt hatte. Der rasche Griff, mit dem sie Freunden und Fremden lose Fäden aus den Pullis riss, war berüchtigt. Sie konnte weder stopfen noch sticken. Auf ihrer Decke blühten Kraken und Quallen.

Mitte November fielen die Bomben auf Coventry und zerstörten die Stadt. Deutsche U-Boote torpedierten englische Handelsschiffe mit Nahrung und Kleidung im Ärmelkanal und im Mittelmeer, und die Briten ließen drei Schiffe mit jüdischen Flüchtlingen immer noch nicht landen, ließen sie warten vor Haifa und Zypern. Da machte sie sich auf den Weg zu Gott.

✻

Es ist zu heiß für Kerzen in der Grabeskirche.

Wenn es auch kalt ist in der Stadt und kalt unter der Kuppel der Kirche, so ist es doch heiß, zu heiß, da, wo die Kerzen stehen, weil da die Kerzen stehen, auf kupfernen Platten in der Kirche stehen und viele, zu viele, so dicht gedrängt, ein Stangenwald, angelegt von besonnener Hand. Für jedes Licht ist eine kleine Kuhle vorgesehen, jede Kerze hat ihren Platz, aber grenzenlose Anteilnahme hat weitere Kerzen zwischen die legitimen Stammplätze geschoben, sie auf Wachstropfen geklebt oder einfach auf das zu warme Metall gedrückt.

Und jedes Licht, das um Gnade bittet, um Hilfe, um Rettung für die Verzweifelten auf den Schiffen, gefährdet ein anderes Licht oder zwei oder mehr, die ebenfalls um Gnade bitten, um Hilfe durch den Heiland, den Erlöser, von dem die Christen glauben, dass er an diesem Ort begraben lag, drei Tage lang. Aber jede der von gläubigen Händen angezündeten Flammen zerstört, das ist sichtbar, und ob sie errettet, davon sieht man nichts. Wer glaubt noch daran?

Manche der flackernden Spitzen lecken am oberen Rand einer neben ihnen bittenden Kerze, deren Wachs, aufgelöst und verflüssigt, läuft über und rinnt hinab in Tropfen, die wie Tränen aussehen, was sie auch sind, nur dass sie manchmal erstarren, aber nie lang, nur kurz innehalten im Weinen und weiterfließen, sie rinnen hinunter, hinab. Es ist zu heiß für Kerzen in der Grabeskirche, und oben flackert unstet ihr Licht.

Die sehr hohen, dünnen aber, deren Flammen so hoch brennen, dass sie niemandem schaden, erwärmen sich langsam und beginnen, scheinbar unversehrt, sich sachte zu neigen, während ihr Licht aufrecht bleibt, den Kreis, in dem es brennt, ins Oval zieht, schließlich eine Zunge bildet, von der Wachs tropft auf die unteren, auf die sie allmählich hinabsinken, sich selbst und andere löschen.

Auf der Kupferplatte sammelt sich vergeudetes Wachs, geschaffen für viele lichtvolle Stunden, aber es hat keinen Docht, keinen Lebensnerv, es wird erkalten, dunkeln, es ist um seine Bestimmung betrogen, um sein Leuchten gebracht. Zu viele Flammen, so dicht gedrängt wie jene, für die sie brennen: 1700 jüdische Flüchtlinge auf der Atlantic vor Zypern, 700 auf der Milos, 800 auf der Pacific vor Haifa. Sie sind dem Schrecken entkommen und dürfen nicht landen.

Auf den Schiffen stehen sie so eng wie die Kerzen auf der Kupferplatte. Jeder, der dort atmet, zieht die Luft ein, die ein anderer ausgeatmet hat. Jeder, der dort leben will, hindert einen anderen am Überleben. Sie zehren sich aus, einer den anderen. Aber ihr lichtloses Leben zerfließt nicht so weich wie das verschwendete erwärmte Wachs in der Grabeskirche. Was sich an Ober- und Unterdeck der Pacific sammelt, macht nicht solch anmutig in Terrassen geformte Gebilde wie in Schichten erkaltendes Paraffin und nichts auf der Milos riecht wie Bienenwachs nach Blütenhonig. Sie haben Krankheiten an Bord, Infektionen, vielleicht Seuchen, man sprach von Typhus, sie können sich nicht waschen, es gibt kaum Toiletten, sie frieren, sie hungern, sie leben noch.

Ich war auf dem Weg zu Gott.

Ich wollte Gott suchen auf dem Tempelberg. Ich wollte die Stufen hinaufsteigen zu dem weiten hohen Platz mit der El Aqsa Moschee und dem Felsendom und Meter für Meter in schmalen parallelen Linien die Fläche abgehen, und dabei hätte ich dann irgendwann – irgendwo den Fuß auf das Allerheiligste gesetzt, oh, ich weiß, wie sehr es verboten ist, aber es soll kein Frevel sein und nicht Hochmut. Verzweiflung ist es, die zu manch unerlaubter Tat berechtigt. Dort oben ist die Spitze des Berges Moria, wo Abraham seinen Sohn auf den Opferblock legte, da ist der Ort, wo der Engel erschien und Einhalt gebot, dort oben auf dem Tempelberg hat Gott einmal gesagt: Es ist genug!

Er soll es wieder tun! Er soll es wieder sagen! Es ist genug!

Er wird es tun. Er wird Isaaks Fesseln lösen, ihn vom Opferblock heben und in seine Arme nehmen und alle Söhne und Töchter Israels.

Was mich in die Grabeskirche trieb, weiß ich nicht.

112

Plötzlich stand ich im Heiligtum der Christen. Es riecht nach Weihrauch und nach Wachs. Nach Schweiß, Blut, Urin riecht es nicht.

Und weiterhin schieben fromme christliche Hände Kerzen auf die Kupferplatten, viele Frauen darunter, Töchter und Ehefrauen der Briten wahrscheinlich, Mönche, Nonnen, Priester aller christlichen Konfessionen in schwarzen Gewändern, vielleicht auch auf ähnlichen Schiffen geflohene, konvertierte Juden, denen das Taufwasser ihr Jude-Sein nicht aus dem Abstammungsnachweis waschen konnte. Sie zünden Kerzen an, sie knien, sie falten die Hände, sie schauen auf den mit goldenen Ampeln geschmückten Bogen, hinter dem Stufen zum Grabe Christi führen.

Die Tür ist geschlossen. Da ist kein Weg.

Also ging ich.

Bevor ich das Gotteshaus verließ, hob ich noch einmal den Kopf und schaute hinauf in die Kuppel. Ich sagte einen Dank dem großen Gedanken, dass durch das Opfer eines Einzelnen die Sünden der Welt vergeben seien. Wahrlich – welch ein Mensch. So liebevoll, so barmherzig, der konnte wirklich nicht ahnen, welcher Sünden die Menschen dieser Welt noch schuldig werden würden.

Ich taumelte durch die Altstadt.

Ich trug keinen Schmuck bei meinem Gang zu Gott, ich sah aus wie viele alte Frauen: mager, gebrechlich, im schwarzen Mantel. Ich redete, ich klagte wie andere dürre alte Frauen leise oder laut unser Leid vor uns hin.

Es regnete. Wasser stand in Senken und Kuhlen. Ich trat in die Pfützen, Schmutzwasser bespritzte meine Beine und den Saum meines Mantels, der sich gelöst hatte und eine Schleppspur zog, meine Füße waren nass, meine Hände kalt, aber unter der gebogenen Krempe meines schwarzen Hutes brannten heiß meine Augen und versengten mein Gesicht.

Das Pflaster ist uneben dort, ich stolperte über jahrhundertealte, zerfallende Steine und meine eigenen Füße, ich fiel aber nicht. Nah ist immer in den engen Gassen die stützende Mauer eines Hauses, eines Torbogens, bereit zu helfen ist auch immer die Hand eines Menschen, eines Juden, eines Arabers, eines Armeniers, eines Briten, eine helfende Hand, die den Frierenden auf der Milos nicht hilft und nicht den Hungernden auf der Pacific und nicht den Fiebernden auf der Atlantic. Ich kannte mich nicht mehr aus, ich musste mich durchfragen: Wo, bitte, können Sie mir sagen, geht hier der Weg zu Gott?, und ich erhielt keine Antwort.

Ich torkelte durch die Altstadt, durch sehr schmale Gassen, über kleine Plätze, unter Torbögen hindurch, Treppen hinauf und hinunter, aber ich wusste, hinauf musste ich gehen, hinauf, und so fand ich den Weg zum Tempelberg. Der war versperrt, britische Militärs ließen mich nicht auf den Platz.

Für Juden endet der Weg zu Gott an der Klagemauer.

Auf dem Rückweg stieg ich in einen falschen Omnibus, der aber zum Stadtteil Rehavia fuhr, ich wusste wieder, wo ich war, hier wohnt immerhin Werner Kraft.

＊

Den traf ich am nächsten Tag im Sichel, er kam sofort auf mich zu.

«Wissen Sie, wo sie gestern gewesen ist?», fragte er. «Plötzlich stand sie vor meiner Haustür, völlig erschöpft und durchnässt, sie erzählte was von Engländern, die ihr den Weg zu Gott versperrt hätten, und von Flüchtlingen, die in der Grabeskirche verbrannten. Wissen Sie, was geschehen ist?»

Ich wusste es nicht, doch ich erriet es am Abend, als ich in ihrer Kladde lesen durfte.

＊

Sie haben die Schiffe landen lassen? Ich glaube es nicht. Aber die Zeitungsjungen haben es durch die Straßen geschrien: Sie haben die Schiffe landen lassen. Ich glaube es nicht. Ich irre mich nie.

＊

Die Briten gaben endlich die Erlaubnis zur Weiterfahrt. Am 24. November erreichte die Atlantic mit 1700 jüdischen Flüchtlingen Haifa.

✳

Was sucht ihr hier? Hier ist kein David und kein Jonathan. Der Hochkommissar will euch nach Mauritius schicken. Hier ist Zion nicht. Jerusalem haben die Heuschrecken gefressen.

✳

Im Hafen von Haifa lagen schon die Milos und die Pacific. Und dann brachten sie die Patria. Das große Schiff sollte 2000 Juden nach Mauritius bringen. Niemand wollte dahin. Das Klima und die Zustände in den Lagern dort seien entsetzlich. Aber MacMichael hatte «Nein!» gesagt, «keine weiteren Juden nach Palästina.» Am 26. schon sollte die Patria weiterfahren. In dieser Nacht, in der sich jemand an Bord schlich und die Bombe legte, schrieb sie einen Brief an Ernst Simon.

✳

Ich gehe nicht mehr in die Synagoge. Das muss ich ihm schreiben. Er soll nicht glauben, es sei seinetwegen.

116

Ich will die Spießer nicht mehr hören, die nur gelehrt sind und nichts wissen. Und die anderen sind auch nicht viel besser. Sie sitzen in den Cafés und lassen sich mit Sensationen beschreien – von Kindern! Keiner außer mir steht auf und stopft den kleinen Zeitungsjungen die Münder mit Bonbons zu. Müssen Kinderlungen sich damit kaputtschreien, dass Bomben auf London und Coventry fallen? Ich schiebe ihnen Schokolade zwischen die Lippen, am liebsten Katzenzungen. Ein Teil des besiegten Frankreichs paktiert mit den Deutschen – wie süß das klingt mit Katzenzungen. Sie sitzen da drüben in Syrien, die Franzosen, und die Jungen lecken sich meine Schokolade aus den Mundwinkeln. Geht nach Mauritius!, sage ich der Patria, da sind wenigstens nur Affen.

✳

Sie kamen nicht nach Mauritius, die nicht. Niemand wusste, wer die Bombe am Rumpf der Patria angebracht hatte und warum. Vielleicht war es ein Fehler, ein entsetzlicher Fehler.

✳

Ich werde ihm einen Abschiedsbrief schreiben. Ich bringe zu Ende, was nie begonnen hat. Er versteht nicht, warum ich seinen Brief zurückgeschickt habe, er kann es nicht verstehen, weil er nicht weiß, was *Wege-rich* ist und wie man herumgetreten wird als Wegerich, und in die Synagoge gehe ich nicht mehr, alles Spießer – außer ihm.

✳

In ihrem Zimmer gab es nur das eine Licht. Doch das Zimmer war klein und eigentlich erhellte die trübe Birne es genug. Sie hatte aber manchmal Sehstörungen. Oder sie sah und achtete auf gar nichts mehr, und darum stürzte sie halb rücklings in den eisernen Stangenrahmen ihres Bettes.

Sie blieb allein mit zerquetschtem Rücken, gebrochenen Rippen, mit ihrem Abschiedsbrief, ohne Essen. Am nächsten Tag kümmerte sich niemand um sie, ich saß den ganzen Tag vor dem Radio.

Die Briten hatten die Flüchtlinge der Atlantic, der Milos und der Pacific an Bord der Patria gezwungen, dort wurden ihre Personalien aufgenommen. Alle mussten unter Deck gehen. Da riss die Bombe am Rumpf der Patria ein Loch in die Bordwand. Das Schiff neigte sich sofort und füllte sich mit Wasser. Wer das Deck noch erreichte, floh auf die nach oben kippende Seite, viele sprangen ins Wasser. Mehr als 200 Juden ertranken im Hafen von Haifa.

Niemand erklärte sich für den Anschlag verantwortlich. Und niemand verstand, warum das geschehen war. Die Araber hatten keinen Grund, ein Schiff zu beschädigen, mit dem die Briten Juden von Palästina fortbringen wollten. Die Irgun aber und die Haganah würden keine Juden umbringen.

Also Stern? Der Fanatiker? Ihm allein traute man zu, dass er sein eigenes Volk opferte, um die Briten anzugreifen. Lieber in Palästina sterben als auf Mauritius überleben? Oder es war ein Unglück, ein Unfall, und die Bombe hatte das Schiff nur seeuntauglich machen sollen?

Sie erfuhr erst später davon, als sie ihr Zimmer wieder verlassen konnte. Den Rücken krumm verbogen und halb verhungert, stand sie vor dem Café Sichel in der Ben Yehuda Street und sagte: «Ich wollte fortgehen. Fortgehen war immer noch leicht, nur Ankommen schwer. Überall offene Türen, dass wir gehen, nirgends, dass wir eintreten. Was, wenn sie uns auch nicht mehr fortgehen lassen? Nicht bleiben, nicht gehen, was dann?»

Im Dezember verunglückte noch ein Flüchtlingsschiff, die Salvador. Es geriet in einen Sturm und zerschellte vor der türkischen Küste. In Palästina beklagte man die Toten, in der Türkei die Überlebenden. Wohin mit ihnen in einem muslimischen Land?

Es war kalt, und im Sichel war es eng, denn man konnte nicht mehr draußen sitzen. Sie saß auf ihrem Stammplatz, verdreht und verwinkelt. «Damit die Rippe, die gebrochene, mir nicht das Herz aufspießt», und sie starrte in den Raum und sagte murmelnd, fast ohne Ton: «Auf der Pacific kamen sie und fanden keinen Frieden. Sie sanken

mit der Salvador und starben ohne Heil. Sie gingen auf
die Patria und finden nirgends Vaterland.»

*

Ich schreibe den Brief an Churchill. Ich weiß keinen anderen Rat. Ich schicke ihn an einen Freund in London.
Der wird ihn weiterleiten. Mein Rücken tut nicht mehr
weh. Die Rippe war nie gebrochen. Nur das Herz. Eine
abgestorbene Liebe eitert nach außen. Bald vorbei. So
ein bisschen Körper kann nicht mehr viel wehtun.

*

Da kam sein Brief. Und sie schrieb weiter, sie hat keine
neue Seite angefangen, nicht einmal eine neue Zeile.

*

Drei Blätter in einem Umschlag. Drei Blätter vom
Granatapfelbaum. Oder Blütenblätter einer Blume.
Wir sagen ‹Blatt› zu Blatt Papier und Blütenblatt. Ein
Grund, die deutsche Sprache zu lieben. In der engli-
schen Sprache geht das nicht. In der hebräischen? Ich
muss jemanden fragen. Ihn?

*

Drei Blätter lagen auf ihrem Tisch, dicht beschrieben mit seiner Gelehrtenschrift. Sie schob die Papiere über den Tisch an meinem Blick vorbei, ich konnte nur staunen, nicht lesen, und sie sagte: «Blatt. Wir Deutsche sagen ‹Blatt›. Wissen Sie, wen wir fragen könnten, wie das auf Hebräisch heißt?»

Hatte sie vergessen, dass ich Hebräisch sprach?

Anstelle ihrer ausgebeulten, zu großen Männerjacke, trug sie ein schwarzes Samtjäckchen. Ich dachte zuerst, es sei jenes, das sie bei ihrer Lesung getragen hatte, aber es war abgegriffen, von nicht mehr samtigem, nur noch speckigem Glanz. Sie saß vollkommen gerade auf ihrem Stuhl und hatte vergessen, wie sehr sie der Rücken schmerzte. Sie breitete die Arme aus und hatte vergessen, dass mindestens eine Rippe gebrochen war. Sie lächelte und hatte vergessen, wie alt und faltig ihr Gesicht war. Sie sagte: «Wir Deutsche», und hatte vergessen – was?

Sie hatte auch vergessen, dass sie den Mann nur für ein Liebesgedicht gesucht hatte. Sie kalkulierte nicht mehr, welchen lyrischen Nutzwert er haben mochte. Sie liebte.

Sie steckte eine Hand in die Brusttasche des Samtjäck-chens, erstarrte in einem milden, lächelnden Erstaunen.

«Oh, Tasso», flüsterte sie, «da habe ich etwas gefunden, oh, sehen Sie doch nur, was ich da gefunden habe.»

Sie zog einen zerknitterten Geldschein aus der Tasche, legte ihn auf den Tisch, strich ihn glatt. Er war hellbraun, die

Ziffern gaben ihm einen Wert von 1000 Mark, aber ein roter Aufdruck quer über die Diagonale erhöhte auf: 1 000 000.

«Was für ein Tag», murmelte sie, «was für ein Tag!»

Sie faltete den Schein ordentlich zusammen und steckte ihn zurück in die Tasche, und ich dachte: Wann hat sie dieses Samtjäckchen zuletzt getragen? Vor zwanzig Jahren vielleicht? Wie sah sie damals aus darin?

«Sie müssen jetzt gehen», sagte sie, «ich will ihm einen Brief schreiben.»

Ich verließ die junge Millionärin in ihrem Glück und war nicht einmal eifersüchtig.

∗

Ich habe ihm geschrieben. Ich lege mich in seine Hand, ich strecke mich und rolle mich ein, ein kleines pelziges Tierchen in seiner Hand auf Briefpapier zwischen *«Adon»* und *«Ihr Prinz Jussuf, der nun froh ist immerdar»* –

∗

Mehr steht nicht in dieser ersten Kladde. Die letzten Seiten sind leer.

Die zweite Kladde
April 1941 bis Juli 1941

Es ist April. Es muss etwas geschehen!

Mit siebzehn will man schwärmen und ein Foto des Geliebten küssen.

Und wenn man alt ist, wie ich, geht so ein Backfischalter schnell vorbei. Man will nicht immer nur Fotos küssen, vor allem dann nicht, wenn man keines hat.

Es muss etwas geschehen!

*

Den Winter über war nichts geschehen. Sie schrieb ihm und er antwortete nicht. In der Synagoge, in die sie nie wieder hatte gehen wollen, musste sie ihn fragen, ob er die Briefe bekommen hatte. Sie bat um ein Lächeln, an dem sie sich wärmen konnte in diesem Winter, denn ihr Zimmer hatte keinen Ofen. Sie bat um Vergebung, dass sie ihm seinen ersten Brief zurückgeschickt hatte. «Ich bin doch Wegerich, ein ganz armer einsamer Herumtreiber, aber auch ein Indianer, den das Meer zerriß, die vielen Wellen und die vielen Spalten der Erde verschlang.» Sie bat um ein paar Zeilen, die sie immer in ihrer Tasche tragen wollte, damit sie, wenn sie wieder einmal stürzte, etwas habe, ihre Wunden zu verbinden. Sie lud ihn zu einer Ausstellung ihrer Bilder ein, zu der nicht viele Leute kamen. Sie schrieb ihm: Adon, Apoll, Erzengel Gabriel, sie wolle nur noch für ihn dichten. Und er antwortete nicht. So welkte sie am Straßenrand, Spitzwegerich oder Breitwegerich, ein verscheuchtes Unkraut, zertreten von den Füßen jetzt erleichterter Menschen, denn man konnte die Ben Yehuda Street wieder hinaufgehen, ohne dem Feind entgegenzulaufen. Im Westen war kein Feind mehr. Die Briten hatten an der afrikanischen Küste die Italiener weit zurückgeschlagen.

Im Februar feierte sie ihren 17. Geburtstag, wie jedes Jahr, aber so kraftlos und freudlos, dass Manfred Vogel, der einen langen Artikel über sie schrieb, eine Würdigung zu ihrem 65. Geburtstag, dafür nicht einmal eine Ohrfeige bekam. Allerdings bekam er auch noch einen Tadel von Gerson Stern, der sie in ihrer Jugend in Wuppertal gekannt hatte und der behauptete, sie müsse viel älter sein als 65.

Die Zeit des Aufatmens war kurz gewesen. Die Deutschen besetzten Ungarn, Bulgarien, Rumänien und trafen kaum auf Widerstand. Von überall dort flohen die Juden und wussten nicht wohin.

In Palästina sammelten, erpressten, raubten Abraham Sterns Anhänger Geld vom Mittelstand, um gegen die Briten zu kämpfen. Die wiederum versuchten Griechenland zu befreien und zogen ihre Soldaten aus Afrika ab. Sofort griffen die Deutschen und die Italiener dort an. Die Briten wurden in Griechenland zurückgeschlagen. Rommel stand kurz vor Ägypten, Fakhri Bey Nashashibi und seine Partei versuchten zwischen Engländern, Juden und Arabern zu vermitteln und konnten sich bald in den palästinensischen Gegenden nicht mehr sehen lassen. Und es war Frühling.

128

Es ist April, die Luft ist voll mit lauter Frühlingslieben, ich kann keine andere Luft atmen als diese, es ist keine andere da. Lungen leben nicht von dem, was andere Menschen ausatmen. Sonst wäre es vielleicht möglich, im April so lieblos zu bleiben wie im Winter. Lungen leben von dem, was Blumen und Bäume ausatmen, und das ist genau die richtige Luft für Liebesgedichte.

Das ist ein Naturgesetz. Man kann sich nicht dagegen wehren. Der Rommel und seine Soldaten merken nichts davon. Die sind in der Wüste und da gibt es keine Blumen und Bäume. Was aber für seltsame Blumen auf dem Balkan blühen mögen, dass die nicht aufhören mit dem Krieg? Gibt es da nur noch Tollkirschen, Schierling und Faulbäume? Es wird Zeit, dass ich meine Gedichte schreibe. In Jerusalem blüht jetzt der Rosmarin und würzt die Luft zum Feiertag. Und ich habe ihn seit Wochen nicht mehr gesehen, er war nicht einmal mehr in der Synagoge, er geht mir aus dem Weg.

*

Ich war in der Synagoge, aber sie sah mich nicht, sie blickte einfach durch mich hindurch, bis zu dem Tag, an dem ich mich im Café Sichel auf deutliche Weise bemerkbar machte. Aber da war schon alles anders.

*

Alles ist gut!

Ich habe Werner Kraft im Sichel getroffen, ich war sehr schlau und habe so getan, als ob ich seinen Namen vergessen hätte, ich habe ihn gefragt: «Wo ist eigentlich dieser ... dieser ... na, Sie wissen schon, dieser Professor – oder fast schon Professor ...»

«Simon», sagte er. «Er ist wieder in Jerusalem.»

Er war fort!!!

«Er war fort?», fragte ich. «Wie lange? Wo war er?»

«Auf einer Vortragsreise in Tel Aviv und Haifa.»

Hat er meine Briefe noch gar nicht gelesen? Hoffnung! Das musste ich feiern. Ich bestellte einen Rotwein.

«Er könnte doch auch einmal in einer meiner Veranstaltungen etwas vortragen», schlug ich vor.

«Simon? In Ihrer Lesung? Was sollte er da vortragen?»

«Gedichte. Meinetwegen auch Prosatexte. Wenn er welche hat.»

«Er hat keine Gedichte. Auch keine Prosa.»

«Aber er ist doch ein Dichter!»

«Nein. Was haben Sie nur immer mit dem Simon?»

Ich schob ihm den Rotwein hin und fragte: «Warum trinken Sie nicht?»

«Weil Sie den Wein bestellt haben.»

«Ja, aber Sie müssen mit mir feiern.»

Er nippte an dem Wein.

«Was feiern wir?», fragte er.

Ich schaute ihn prüfend an.

«Sie wissen es?», flüsterte ich.

Er nickte, aber nur mit den Augen. Er ist ein feiner Mensch und versteht viel.

«Ich habe ihn Apollon genannt», sagte ich, «und ich will nur wieder Gedichte schreiben können, verstehen Sie? *Ich will von ihm nichts, rein gar nichts.*»

Er reichte mir das Glas.

«Feiern Sie», sagte er leise. «Wir machen einen Ausflug. Nach Bethlehem. Wir mieten ein Auto. Wollen Sie mitkommen?»

Ich liebe Autofahrten. Manchmal miete ich einen Wagen und lasse mich den halben Tag in der Stadt herumfahren.

«Das Auto ist eigentlich schon voll», fuhr er fort, «aber wenn wir ein bisschen zusammenrücken – es kommen fast nur dünne Leute mit, wir hätten Platz für Sie, oh, nein, es geht nicht, Buber wird dabei sein und den mögen Sie nun mal nicht.»

«Wir haben uns längst versöhnt», sagte ich schnell.

«Ja, aber es sind alles lauter Gescheite, vor denen Sie sich wahrscheinlich graulen: ein Professor und zwei Doktoren und ein fast schon Professor ...»

«Wann?», fragte ich.

«Übermorgen. Ziemlich früh. Dann ist es noch nicht so heiß. Wir holen Sie ab.»

✻

Als ich ins Sichel kam, stieß ich mit ihr zusammen, ich gebe zu, halb absichtlich, meine einzige Chance, von ihr wieder bemerkt zu werden.

«Tasso!», rief sie. «Da sind Sie ja endlich!»

Sie schob mich von sich und musterte mich von Kopf bis Fuß.

«Er ist dünn», rief sie über die Schulter ins Café. «Können wir ihn mitnehmen?»

«Tut mir leid», hörte ich die Stimme von Werner Kraft, «aber nun ist das Auto wirklich voll.»

Und ich wusste nicht, ich ahnte nicht, was ich hier gerade verpasste.

✳

Wir machen einen Ausflug!

Ich fliege mit ihm aus! Ich springe mit ihm in einen Fluss und dann packt uns das Wildwasser, reißt uns über Steine und Klippen, Sturzbäche hinab und Kaskaden, über den Felsrand mit dem sprühenden Wasserfall, die Nicaragua-Fälle hinunter und mitten hinein in das Herz Afrikas.

Es waren die Flüsse Afrikas, in denen ich zum ersten Mal im Wohlklang badete. Geografie war eines der wenigen Fächer, die ich in der Schule liebte, zumindest als Afrika besprochen wurde. Da traf ich auf Worte, die gingen mir *wie Wasser von den Lippen: Senegal und Cambia,*

132

Niger und Dcholiba, Zair und Orangefluß, Nil und Sambesi. Und natürlich flossen diese herrlichen Worte nicht wieder davon. Die Geografielehrerin mochte toben und schimpfen, ich trug die Klänge Afrikas in die patschige Lautung Deutschlands, in meinem Erdkundeheft versüßte Somali das Sauerland; Nigeria und Nairobi drangen dem Harz ins Herz, Kilimandscharo und Kenia verwandelten konsonantische Geröllhaufen wie Hunsrück und Brocken in eine erhabene Bergwelt vokalischen Ursprungs. Das ging nicht lange gut. Das war schon fast Hochverrat, verbal umgekehrter Imperialismus, ein niederträchtiger Affront gegen des Kaisers Kolonialpolitik, und meine Schulkarriere war denn auch bald beendet.

Aber nun fliege ich mit ihm aus und stürze die Nicaragua-Fälle hinunter ... Niagara ... Nigeria ... Nicaragua ...

Betört vom Wohlklang der Diphthonge verschieben sich mir manchmal die Kontinente, und so gut aufgepasst habe ich nun auch wieder nicht im Erdkundeunterricht.

Das ist auch nicht wichtig, wir machen einen Ausflug! Nach Bethlehem. Da fallen alle Fälle zusammen! Was ziehe ich an?

Meine schönen bunten Kleider sind verstreut über diese Welt. Von Berlin über die Schweiz durch Italien bis nach Jerusalem habe ich Spuren gelassen von roter Seide, blauem Taft, goldenen Knöpfen, schwarzem Samt. Wer mich sucht, muss nur den im Wind flatternden Fetzen bunter Textile folgen, die überall dornzerrissen an den Büschen hängen.

Jetzt muss ich das Beste aus den rudimentären Resten einer einst großen Garderobe machen, elegant und nicht zu auffällig, ich muss Geschmack zeigen neben den unsäglichen knallbunten Krawatten von Martin Buber, die er immer so nachlässig um den Hals geschlungen trägt. Sandalen habe ich, sehr schöne römische mit hochzuschnürenden Bändern, und Silberglöckchen hörte ich läuten, vor Kurzem erst, in meiner Kramkiste, und Ohrringe habe ich auch, korallenrote aus Glas und ganz einfache aus Olivenholz, die habe ich angemalt mit Gottes Lieblingsfarbe: Himmelblau. Vielleicht sollte ich einen roten nehmen und einen blauen? Aber das wäre zu extravagant. Und damit ist das Problem auch noch nicht gelöst. Zwischen Sandalen mit Silberglöckchen und himmelblauen Ohrringen werde ich schon noch etwas anziehen müssen.

✳

Als das Auto mit den vier Männern vor dem Hotel Atlantic hielt, stand ich auf der gegenüberliegenden Straßenseite. Ich hatte von Werner Kraft erfragt, wann sie abgeholt werden sollte, und ich lauerte darauf, dass sie mich vielleicht doch mitnehmen würden, aber das Auto war wirklich voll: Dr. Kraft, Dr. Wilhelm, Professor Buber und tatsächlich Dr. fast schon Professor Simon. Warum hat er das getan? Wusste er nicht, was er damit auslöste? Oder wusste er vielleicht gar nicht, dass Kraft sie eingeladen hatte? Der Chauffeur hupte, und wenige Augenblicke später schritt sie die Treppe vor dem Hoteleingang hinunter. Sie trug schwarz-weiß karierte, knielange Tafthosen, das Husarenjäckchen, ein dreiviertellanges schwarzes Samtcape, das eine silberne Sicherheitsnadel auf der Brust verschloss, ihre Haltung war königlich, von ihren Waden läutete es silberhell, von ihren Ohren baumelte Gottes Lieblingsfarbe.

*

Am Abend dann: allein mit alten Händen.

Den Innenflächen fehlen die sanft geschwellten Polster an Fingerkuppen und Daumenballen, die einmal meine Ohrfeigen milderten und den Griff nach allem, was ich liebte, weicher machten. Zwischen verdickten Gelenken verkümmern schutzlos die Knöchel. Auf dem Handrücken aber stehen hoch die Adern, und darin fließt Blut, so viel, so schnell, so heiß wie je zuvor. Wie soll ein Mensch seine Liebe ertragen mit so viel Blut, um zu verlangen, und so wenig Fleisch, um zu geben?

Am Abend dann allein – nach einem solchen Tag ...

Das Auto hielt vor dem Hotel, hinten saßen drei Männer, vorn Werner Kraft, der stieg aus und hielt mir die vordere Tür auf. Ich wollte lieber hinten sitzen.

«Den Ehrenplatz dem Herrn Professor», forderte ich und erschrak. Hoffentlich hatte ich damit nicht den falschen Professor versetzt.

Aber es war ohnehin sinnlos, denn Werner Kraft sagte: «Nein, den Ehrenplatz ...»

Ich schaute ihn drohend an. Würde er es wagen vorzuschlagen: den Ehrenplatz der Ältesten?

«... den Ehrenplatz der Dame», sagte er.

Das war listig. Damit stellte er mir eine Falle. Natürlich wusste er, wie gern ich behaupte: Ich bin keine Frau! Ich bin Jussuf, der Prinz von Theben! Gerade das aber konnte ich jetzt nicht tun. Also setzte ich mich auf den Platz, der mir selbstverständlich von Rechts wegen zusteht, und Kraft quetschte sich zu den drei Männern im Fond.

Wir fuhren den Jaffa Road hinunter. Die Männer sprachen über Griechenland. Da waren nun die Deutschen. Die Briten hatten verloren. Ich nahm nicht teil an ihren Gesprächen. Mit ihm in einem Wagen kann ich nicht von Niederlagen reden. Es ist nicht weit bis Bethlehem. So ein kurzes Stück Weg von dem Ort, an dem Christus geboren ist, zu der Stadt, in der er starb.

Vor Bethlehem ließ ich das Auto halten und schlug vor, einen Hügel hinaufzuwandern und von dort auf die Stadt zu schauen. Die Männer stiegen aus, blickten zweifelnd die Anhöhe hinauf, es war noch früh und noch nicht so heiß, der Weg konnte zwischen den Ölbäumen schattig gewählt werden. Bevor sich einer der Männer unterstand, mich zu fragen, ob ich mir denn wirklich die Steigung zutraue, ging ich voraus.

Ich machte Umwege, lief auf entferntere, besonders alte, besonders knorrig gewachsene Ölbäume zu, mein Samtcape blähte sich schwarz, kariert flatterte darunter der Taft, ich sah aus wie eine Elster, eine diebische, die Silbernes gestohlen hat, das hörte man läuten.

Ich führte die Männer zu einem sehr alten Baum, ich deutete ehrfurchtsvoll auf einen hohen Ast und flüsterte: «So hoch hinauf reich nicht mal ich. Daran hat die Schaukel des Christkinds gehangen.»

Und er sagte: «Kann schon sein.»

Aber einer von den Gescheiten musste berichtigen.

«Der ist in Nazareth aufgewachsen», sagte Dr. Wilhelm und ich warf ihm einen vernichtenden Blick zu.

Ich pflückte Blumen. Sie wuchsen an langen, gebogenen Stielen am Boden, ihre Kelche hatten alle Farben zwischen Purpur, Lila und Rosa. Ich musste mich tief bücken und ließ das Cape in samtene Nachtfalten fallen. Wenn ich mich erhob, wirbelte der Samtsaum Staub auf, den die Sonne – meine Verbündete – sofort golden anstrahlte. Ich ging in Goldstaub, ich läutete silbern, ich legte die Nacht in samtschwarze Falten, verborgene Abgründe, Schluchten für lichtscheue Träume im schwärzeren Schwarz, und die glättete ich wieder, warf sie wehend ins Helle mit einer Drehung der Schultern, so leicht, auf meinem Bauch blühte es bunt über schwarz-weißem Taft, und ich blieb immer dicht bei ihm und hörte, wie er leise zu Werner Kraft sagte: «Wie ist das auf diese Erde gekommen, wie?»

Ich war gut, jung und frisch, zumindest bis zur halben Höhe, so lange konnte ich springen, aber dann machte mein Herz die Hüpfer ohne mich. Und die Stiche in der Seite, in der Brust! Ich lehnte mich an die rissige Rinde eines Baumes und hielt mich an meinen Blumen fest. Werner Kraft ist doch mein bester Freund. Er drehte sich um und erläuterte den anderen die Landschaft. So konnte ich verschnaufen. Danach aber stiegen sie steilger aufwärts. Ich ärgerte mich über die Glöckchen. Wenn man so Schritt für Schritt hinansteigt, klingt man damit wie eine Allgäuer Alpenkuh beim Almauftrieb. Jeder Tritt schmerzte in allen Gelenken.

Die Männer sprachen jetzt von Christus, wovon sonst, so nah bei Bethlehem. Immer reden sie über Politik und Philosophie und Religion. Sobald man sie nicht mehr mit anderem beschäftigt, fangen sie damit an.

Einer sagte – es ist gleichgültig welcher, denn er war es nicht –: «Ein großer Prophet, ohne Zweifel, ein großer Mensch, das Schlimme ist nur, dass die Christen

138

nicht mit Größe umgehen können und nicht mit Göttlichem. Da zerstreiten sie sich über etwas Unerheblichem wie dieser Idee von der Jungfrauengeburt.»

Sie gingen zu schnell. Sie hatten mich vergessen. Dieses Bethlehem zog sie an, ein starker Magnet, stärker als die Anziehungskraft einer Dichterin mit himmelblauen Ohrringen. Ich musste ihnen nachlaufen, ihm vor allem. Wenn ich den jemals erreichen will, muss ich ihm nachlaufen. Aber das ist hoffnungslos. Ich keuchte, und er schritt aus und stieg hinan mit seinen langen jungen Beinen. Immer vorsichtiger setzte ich die Füße auf den Boden, in meinem rechten Bein zuckte das Fesselgelenk, links das Knie. Als sie die Höhe erreicht hatten, blieben sie endlich stehen und glaubten immer noch nicht an die Jungfrauengeburt. Endlich drehte Werner Kraft sich zu mir um und sagte nur: «Bethlehem.»

Ich nickte wortlos, schonte meinen Atem, gab meiner Lunge noch ein wenig Zeit, sich zu erholen. Dann endlich konnte ich mich wehren.

«Es ist aber ein großer Gedanke: Die Jungfrauengeburt!», sagte ich. «Einer der größten Gedanken der Menschheit. Was mich zuerst an diesem Christus anzog, was mich andächtig, fast gläubig machte, war immer die Idee, die hinreißende Idee, dass dieser eine Mensch eben nicht durch jene zweifelhafte, äußerst gefährdete und für Böses so anfällige Tat in dieses

Leben kam. Die Geburt, ja die blieb ihm nicht erspart, dadurch wurde er Mensch wie alle. Er ging den ersten Leidensweg aller Menschen, musste sich quetschen und drücken durch den engen Kanal, musste Schmerz empfinden und Schmerz zufügen. Um überhaupt sichtbar zu sein für unsere Augen, musste er aus Enge und Dunkelheit kommen, blutverschmiert, zerdrückt, deformiert, schreiend. Aber hineingekommen ist er so nicht in diese Welt, nichts Zweideutiges haftet an seinem Beginn, nicht jene heikle Folge von Berührungen, die zum selben Ergebnis führen kann, ob sie nun von diesem aus Liebe oder von jenem mit Gewalt geschah, er entstand nicht am Schnittpunkt von Liebe und Gewalt, von Lust und Schmerz, er kam auf andere Weise in diese Welt. *Die körperliche Tat, aus der ein Mensch entsteht, ist etwas so Unmögliches, daß sie nur gerechtfertigt ist, wenn zwei vor lauter Liebe nicht anders können.»*

Ich war furchtbar erschrocken, als ich das sagte. Die Blumen glitten mir aus den Händen und fielen zu Boden. Die Männer griffen begierig nach meinem Gedanken, drehten und wendeten ihn analytisch bis dialektisch, prüften seine Anfechtbarkeit.

Nicht alle. Einer hörte nicht zu, nahm nicht teil, schaute mich an, schaute auf die Blumen, schaute auf Bethlehem und wieder auf die Blumen, bückte sich, sammelte die Blumen ein, blickte auf, lächelte mich an, sammelte die übrigen Blumen ein, erhob sich, legte sie mir in die Hände, nicht irgendeiner, er.

Ich konnte die Blumen nicht fassen. Wenn ich die Finger geschlossen hätte, ich hätte nach seinen Händen gegriffen.

Ich gab die Blumen auf, schaute auf unsere beiden ineinandergreifenden blumendurchflochtenen Hände, verfolgte die grünen Stängel, die alle zu einer Blüte führten, folgte auch seinen Fingern, der Hand, dem Arm und schaute in seiner *Augen Immortellen*.

Inzwischen hielten die drei Philosophen die Jungfrauengeburt für eine der großartigsten religiösen Ideen, die Menschen je erdacht haben.

Da konnte ich nur lachen! Mit leichten Händen sammelte ich, nur streifend ihn berührend, alle Blumen aus seinen Fingern, ordnete sie rasch in der linken, warf mit der rechten das Samtcape über die Schultern, legte den Strauß auf die gekreuzten Schnüre des Husarenjäckchens und rief: «Jungfrauengeburt! Was für eine abstruse Vorstellung! Da ging dieser Mensch über die Erde, dieser Unglaubliche, den man auch lieben muss, wenn man nicht an ihn glauben kann, ist ganz aus Liebe gewesen, kam daher und ging dahin und fehlt seitdem. Was muss das für ein Mensch gewesen sein, dass nach allem was Christen den Juden angetan haben und, ach, heute antun, dass nach all dem wir fünf Juden, die wir Juden sind durch und durch, ihn nicht hassen können. Und der soll in diese Welt gekommen sein ohne diese innigste aller Berührungen? Was glaubt ihr denn, mit welcher Geste ließ Gott ihn los, nahm der Mensch ihn entgegen? Wie denn soll er den Übergang vom Gott zum Menschen bewältigt haben, wenn er nicht durch jenen Augenblick gegangen ist, der so groß ist, dass jeder Mensch, ganz gleich wie klug, wie dumm, wie gut, wie böse, wie jung, wie – alt – er ist, ein jeder Mensch seine Erde, sein Dasein, sein Schicksal, sein Ich vergisst! Welch anderes Tor ist offen zwischen Himmel und Erde als dies? Gerade er, der ganz Liebe ist, soll nicht aus dieser Liebe entstanden sein? Jungfrauengeburt! Welch ein Unsinn! Wenn es diese Liebe nicht schon gegeben hätte, Gott hätte sie erfinden müssen, damit dieser Mensch gezeugt und empfangen werden konnte.»

Triumphierend stand ich auf der Höhe, da oben geht stets ein leichter Wind, der spielte mit meinem Cape, meinem Haar, das niemals grau wird, mit meinen Ohrringen, aber die konnten die Männer wahrscheinlich nicht sehen, denn hinter mir war nichts als Himmel, und ich hatte die Olivenholzringe so blau gemalt, wie der Himmel blau ist. Da sagte einer: «Aber, liebste Freundin, Sie haben doch vor einigen Minuten mit sehr wohlgesetzten Worten erläutert, dass ...»

Weiter hörte ich nicht zu, da er es nicht war, der das sagte. Denn er stand an einen Ölbaum gelehnt, eine meiner Blumen hielt er noch in den Händen, er sagte nichts, und hörte auch nicht zu, er schaute mich an mit ...

... *deiner Augen Immortellen* ... *deiner Augen Immortellen* ...

In meinem Kopf tobten Kamele. Bevor ich ein Gedicht mache, fühlt sich mein Kopf immer an, als ob Kamele in den Hirnwindungen herumtrampelten, Dromedare und Trampeltiere. Ich stieß mich ab von dem Himmel im Rücken, ich machte die Ohrringe wieder sichtbar, die Glöckchen wieder hörbar und ging auf einen Stein zu. Mit einer weiten Geste der rechten Hand umfasste ich Himmel und Land. Der Stein war gerade so hoch, dass ich den Fuß darauf setzen konnte, Werner Kraft reichte mir eine Hand, sodass ich hinaufsteigen konnte.

«Das ewige Leben dem, der viel von Liebe weiß zu
sagen.
Ein Mensch der Liebe kann nur auferstehen!
Haß schachtelt ein! wie hoch die Flamme auch mag
schlagen.»

Vier Paar bewundernde Augen schauten zu mir auf, darunter die Immortellen. Aber das ist ein altes Gedicht. Das hab ich doch mal einem anderen geschrieben. Ich horchte auf die Kamele in meinem Kopf, die machten nur rhythmische Schläge. Das reicht nicht für ein neues Gedicht. So stand ich auf dem Stein und schaute hinab auf die Immortellenaugen.

Er reichte mir die letzte Blume, und ich wollte ihm so gern etwas geben, etwas schenken, etwas Innigeres als gute Gedanken in alten Gedichten, und ich weiß ja auch was, aber ich hatte es noch nicht, habe es noch immer nicht. Ich brauche nun unbedingt und bald: ein Liebesgedicht, ein Liebesgedicht für einen Mann –

Am Abend nun allein mit alten Händen.

Hände haben es gut. Sie sind immer zu zweit, richtig zu zweit, nicht nur so wie Augen und Ohren, sie können einander begegnen, berühren, streicheln, kratzen. Aber meine Rechte, die Gestreichelte, beklagt sich, dass sie anstatt von ihrem jungen, weichen Geliebten von einer alten, kratzigen Kralle angefasst wird. Und meine Linke, die Liebkosende, beschwert sich über die greise Klaue, die ihr gegen ihren Willen untergeschoben wurde. Mit welcher dieser beiden Hände soll ich jemals ein Liebesgedicht schreiben? Ihm!

Ich legte die Blumen zwischen Löschpapier, und ich schaute ganz angestrengt nur auf die Blüten, blaue Sterne, rote Rosetten, und nicht auf meine Hände, meine Finger. Aber die sah ich sowieso nicht mehr. Es war dunkel geworden, das geht so schnell in Jerusalem. Aber warum gab meine Lampe nur solch schwaches Licht?

✳

Sie muss vergessen haben, dass dies eine der ‹blauen Nächte› war. Man bereitete Jerusalem auf Luftangriffe vor, da niemand wissen konnte, in welche Richtung die Deutschen weiter vordringen würden. So probte die Stadt eine Dunkelnacht, alle Lichter mussten mit blauem Papier umwickelt werden und die Autos fuhren ohne Licht. Wahrscheinlich weil sie in dämmrig blauem Licht schrieb, sind die folgenden Seiten nur schwer zu entziffern.

*

Auf die Löschblätter habe ich mein Gesamtwerk gestapelt. Das soll den Saft aus den frischen Blumen pressen, je schneller das geht, um so mehr bleibt erhalten von den erbleichenden Farben, von der Erinnerung an blühendere Zeiten, ich muss jedes Restchen Farbe bewahren, muss es schützen vor dem vernichtenden Altersgrau, in dem keine Blume erblüht, auf keiner Wiese dieser Welt. Doch es hat mein Lebenswerk, soweit es sich zwischen Buchdeckeln befindet, kaum ein Gewicht. Was wiegen schon die paar halb verhungerten Herumtreiber in meinem schrecklichen Theaterstück *Die Wupper* und ein thebanischer Prinz?

Meine Hände stürzten von meinem Gesamtwerk. Ich ließ sie in die Tiefe fallen. Keine half der anderen. Alt schlugen sie auf den Tisch. Nur an einer einzigen Stelle blieb meinem Körper das jugendliche Muskelfleisch erhalten: Mein Herz wird niemals schrumpfen, ich werde es schlechter verbergen können als je zuvor, da ich nur noch Haut und Knochen habe, um es einzuhüllen. Werde ich den nun ganz und einzig und allein nur mit dem Herzen lieben müssen? Das wäre ... Das!? Wo kommt das her? Jetzt!?

*

Diese letzten Worte stürzen von der Zeile. Auch die Buchstaben taumeln. Die Bleistiftspitze – sie schrieb an diesem Abend mit Blei, vermutlich tat ihr der Arm wieder weh – ist offenbar beim ersten Fragezeichen abgebrochen, darum der dicke Strich anstelle des Punktes unter dem Haken, und die folgenden Worte sind graphitverschmiert. Hier ist ein Brief eingeklebt, ziemlich schmutzig, staubig und vertreten. Vielleicht hatte sie ihn mit ihren Kleidern aus einer ihrer Kramkartons gezogen und am Morgen gar nicht bemerkt. Er muss auf dem Boden gelegen haben, zusammen mit allem, was sich so auf ihrem Boden ansammelte: begonnene Zeichnungen, Murmeln, Brotkrümel und diese wachsvertropften Holztäfelchen, auf die sie immer ihre Kerzen stellte, mit Sprichwörtern und Zitaten in Frakturbuchstaben zwischen Edelweiß und Enzian halb verborgen unter zerlaufenem Kerzenwachs, verblieben da Relikte guter Ratschläge:

Was du ererbt … hast, … kannst du … tragen.
Ruinen alter Weisheiten:
   Wer … gräbt, fällt …
Rudimentäre Reste tiefer Erkenntnisse:
   Unter den Blinden ist der … König
   Grau … ist des Lebens goldner Baum.

Auf der nächsten Seite eingeklebt ist der Brief.

✳

Lieber Giselheer! Mein Tiger!
Heute Nacht wollte ich Dir ein Gedicht machen. Es
sollte ein Liebesgedicht werden, aber es wurde nichts
daraus. Ich hab mich gedreht und gewühlt und gewälzt
in meinem Bett. Ich schlafe allein jetzt, Du, kein Mann
wagt sich mehr in meine Nächte, denn ich habe einen
schlechten Ruf. Zu viele habe ich plattgewalzt und
totgetreten in schlaflosen Nächten wie diesen. Und
das Gedicht hab ich auch nicht. Es tut mir leid. Du
musst wieder Leichen aufschlitzen und Dir selber eins
machen. Dabei hatte ich alles, was ich brauchte, nur,
die Worte lagen auf dem Kopfkissen, die Bilder am Fu-
ßende, die Rhythmen waren über den rechten Bettrand
gefallen und die Reime über den linken, und ich habe
getobt und die Teile einfach nicht zusammengekriegt.
Nur einmal hätte ich es fast geschafft, da hatte ich

die Teile herbeigezerrt, ich musste sie festhalten, mit Gewalt, und so sickerten sie mitten im Bett in die Kuhlen, die Deine Knie immer machten, aber nichts hat zusammengepasst: die Bilder waren schrill und die Worte sanft und die Rhythmen hart und gereimt hat sich gar nichts.

Ich denke oft an unsere Liebe. Zu oft. Du auch? Wie geht es Dir jetzt? Was treibst Du so? Ich weiß, Du hast im Radio gesprochen. Über ‹Züchtung›. Es ging nicht um Dackel. Und jetzt frage ich Dich: Wie kriegst Du Worte, die Du da im Radio gesagt hast, wieder in Deine Gedichte? Früher hast Du Tote aufgeschnitten und daraus Gedichte gemacht. Schneidest Du jetzt Worte auf und machst daraus Tote? Hör mal, Barbar, das ist nicht dasselbe. So etwas solltest Du als Mediziner doch wissen. Manchmal frage ich mich, wer von uns beiden eigentlich Arzt ist.

Trotzdem muss ich Dich um einen Rat bitten, weil du einer der wenigen bist, die in jenem Land geblieben sind, in dem sie diese Sprache sprechen, in der ich weiter dichten muss. Ich kann nun mal keine andere, außer meinem *Asiatisch*, aber das versteht hier niemand. So sag mir doch bitte, wie man weiter leben und dichten kann in dieser Zeit. Es ist nämlich auch hier schlimm, was mit den Wörtern passiert. Gestern war ich mit ein paar Kindern Rad fahren. Wir hatten nur ein Rad, und ich war die Einzige, die richtig fahren

konnte. Darum fuhr ich die meiste Zeit. Dann hat ein
Junge es versucht und ist ganz fürchterlich gestürzt, er
hat sich das Knie aufgeschlagen, es hat schrecklich ge-
blutet. Aber das war nicht das Schlimmste. Viel schlimmer war ein Wort seiner Schwester. Die sagte: «Das
wird schon wieder – heil.» Da habe ich fast geschrien
vor Entsetzen. Wie man so was sagen kann zu seinem
kleinen Bruder, den man lieb hat! Du musst mir helfen herauszufinden, was wir jetzt mit solchen Wörtern
machen sollen.

✳

Der Brief geht noch einige Zeilen weiter, aber die kann
man nicht lesen, sie sind völlig verschmiert, sie hatte hier
mit Tinte geschrieben und es muss Wasser darüber gelaufen sein. Mit Bleistift steht dann wieder in ihrer Kladde:

✳

Vergessen, den vergessen, einen anderen lieben, diesen
endlich so gründlich vergessen, dass ich nie wieder
daran denken muss, was er heute tut, einen anderen
lieben.

✳

Und dann muss sie hinausgelaufen sein, in die Straßen ohne Laternen, zwischen die Autos ohne Licht. In einem englischen Lokal in der King George Street, in dem ich mich einmal mit ihr getroffen hatte, als ich noch ihr heimlicher Vertrauter war, erfuhr ich am nächsten Tag, man habe versucht, sie aufzuhalten und ihr einen Tee angeboten. Den habe sie nicht getrunken, natürlich nicht, sie trank keinen Tee, aber sie habe eine Weile still am Tisch gesessen, bis sie plötzlich aufgesprungen sei und sich wieder in die Dunkelheit gestürzt habe. Es ist ihr nichts passiert. Unfälle gab es viele in der Nacht. In Jerusalem läuft man ja immer mitten auf der Straße herum, und ohne Licht konnten die Autos oft nicht schnell genug bremsen. Sie aber kam ohne die geringste Schramme davon. In dem Lokal fand ich ihre Spuren; auf Rechnungen, Untersetzern und Zeitungen stand: «an den nicht denken, einen anderen lieben ...». Ich wusste nicht, wer der eine, ich ahnte, wer der andere war, und ich nahm die Zettel alle mit.

Als letzter Eintrag dieser Nacht steht noch in ihrer Kladde:

✳

Es war ein schöner Tag.

✳

Ein Radio hatte sie ja nicht, darum wusste sie noch nicht: In Kreta hatte es Deutsche geregnet, ein Fallschirmspringerhagel fiel auf die Insel, es mögen gut zehntausend gewesen sein. Wahrscheinlich waren sie jung, die meisten sehr jung.

*

Heute habe ich mein Theaterstück gelesen. Laut. Ich muss üben. Bald werde ich es vorlesen. Vor vielen Leuten. Nur habe ich jetzt keinen Mut mehr. Es ist so – es ist so schlimm.

Ich wusste das nicht, habe es nicht gemerkt, als ich es schrieb. Wen kann man nach diesem Stück noch hassen? Was habe ich da zerstört? Er muss kommen, wenn ich vorlese, er wird mich retten, wenn nicht der Wirt mir vorher das Messer in den Rücken rammt. Aber ich bin standhaft und harre aus. Ich werde bleiben, bis man mich aus diesem Zimmer rauswirft. Kann die Miete nicht mehr bezahlen. Ich werde so lange am Fenster stehen und die Juden beschimpfen. Und alle anderen auch. Nur die Australier nicht. Die sind lustig.

*

Das stimmt! Die Einzigen, die diesen Krieg leichtnahmen, waren die Australier, die zogen grölend durch die Straßen, als hätten die Briten sie zu einem Geländespiel geordert.

Und ja, es stimmt, sie konnte die Miete nicht mehr bezahlen. Dabei wurde sie großzügig versorgt von der Jewish Agency und bekam zusätzlich Geld von dem reichen Verleger Salman Schocken, der in Berlin auch ein Kaufhaus gehabt hatte. Aber sie gab immer alles sofort aus, mietete einen Wagen und ließ sich durch die Stadt fahren oder kaufte in Massen Schokolade für Zeitungsjungen.

Die Jewish Agency suchte für sie ein preiswertes Quartier außerhalb der Innenstadt. Das war schlimm für sie. Franz Marc, so erzählte mir Werner Kraft, habe sie einmal zur Erholung auf dem Land eingeladen, sie habe die Ruhe nicht ausgehalten. Und es fand sich so schnell kein Zimmer in einer für sie akzeptablen Gegend, also musste sie vorübergehend irgendwo untergebracht werden. Olga Neustadt-Alexander und ihr Bruder, der Zahnarzt, nahmen sie auf, sie wohnten selber sehr beengt und konnten ihr nicht mehr anbieten als einen Schlafplatz in der Zahnarztpraxis. Sie nahm das Angebot trotzdem an, immerhin hatten sie einen Hund.

Und ich war glücklich, dass ich ihr helfen durfte, ihre Sachen zu packen. Ich musste ihre Glastiere in Zeitungspapier einwickeln.

«Aber seien Sie vorsichtig», verlangte sie. «Sonst brechen

meinen Schwänen die Hälse, meinen Pferden die Schweife, meinen Vögeln die Flügel und dem Schmetterling die Fühler.»

Ich saß auf dem schmutzigen Boden zwischen alten englischen Zeitungen und *Blumenthals Neuesten Nachrichten* und sie reichte mir die Glastiere. Aber als ich das letzte, den Dackel, behutsam einwickeln wollte, schrie sie auf: «Was machen Sie da!»

Sie sank neben mir auf den Boden, packte den Dackel wieder aus, beugte sich über die Zeitung und las: «Bomben fallen auf Berlin und Bremen, auf Coventry und Manchester, auf London und auf Liverpool – halten Sie das wirklich für geeignet, meine Glastiere zu schützen? Wir müssen Besseres finden!»

Sie fing an, in den Zeitungen zu wühlen. Es gelang mir, die bereits eingepackten Glastiere vor ihren flatternden Händen in Sicherheit zu bringen, während sie immer mal wieder ein paar Zeilen lesend vor sich hin murmelte: «In der Schweiz stellt man die Uhren um auf Sommerzeit – Joe Louis schlägt Abe Simon nach hartem Kampf k.o. – der Ungar Teleki weigert sich, mit Hitler zu paktieren, und bringt sich um – aber nur in Larissa, Larissa, nur in Larissa bebt die Erde – Teleki, Tasso, was Besseres haben wir nicht, er macht nicht mit, aber glauben Sie, der Selbstmord des tapferen Ungarn ist eine schwanenhalsschonende Nachricht? Haben wir nichts Freudvolleres?»

«Vielleicht das hier?»

Ich zog den Bericht über Bagdad aus dem Stapel. – Letzten Monat hatten die Engländer Bagdad erobert. – Aber sofort warf ich ihn wieder weg, weit weg. Wie hatte ich auch nur eine Sekunde vergessen können, was im selben Artikel stand. Die Briten hatten in Bagdad keine Juden befreit. Die wurden von den Arabern ganz schnell noch vorher umgebracht. Da kam ihr Jubelruf, sie schob mir eine Zeitung zu und zeigte auf eine kleine Notiz: 1940 wurden wegen des Krieges die olympischen Spiele abgesagt. Als Ersatz sollten Box-Weltmeisterschaften der Amateure stattfinden. Die aber mussten wegen zu geringer Beteiligung ebenfalls ausfallen.

«Das ist der Beweis», sagte sie. «Sie haben Grenzen! Doch, sie haben Grenzen. Es gibt einen Punkt, da hören sie auf, sich zu schlagen. Es ist keine sehr gute Stelle für diesen Punkt, er sollte woanders sein, aber es gibt ihn. Nun muss man ihn verschieben. Schnell.»

Die gute Nachricht reichte freilich gerade zum Einwickeln des Dackels. Pferde, Schwäne und Vögel blieben umhüllt von Bomben, Selbstmord und Erdbeben.

Sie ging zu ihrem Schrank, holte einen Pappkarton und stellte ihn auf den Tisch. Er war voller Bilder und Fotos. Erst sah ich nur eine Menge Glanzbilder, Massen von Engeln und Prinzessinnen mit Gold- und Silberstaub. So achtlos, wie sie die beiseiteschob, musste etwas unvergleichlich Kostbareres darunter sein, und ihre zitternden Hände griffen nach einem kleinen, herzförmigen Medaillon aus Glas,

154

in Silber gefasst. Ich stand dicht neben ihr und spürte, das war kein Alterszittern, so bebten ihre Hände schon seit Jahrzehnten, wenn sie dieses Medaillon berührte. Sie hob es aus den Engeln und Prinzessinnen und gab mir den Blick auf das Foto im Glasherzen frei, es zeigte einen ungefähr siebenjährigen Jungen. Leise, fast singend murmelte sie: «Das Silber ist nicht echt, das Herz dagegen sehr, so sehr, dass ich es niemals tragen kann auf meiner Brust, denn dann hört meines auf zu schlagen, und seines fängt doch nicht wieder an.»

Darunter lag ein Foto, auf dem ich sie sofort erkannte. Sie beachtete es nicht, ich hätte es stehlen können, aber ich sah es und brauchte es nicht mehr. Ihre unveränderten Augen waren mir eine zuverlässig tragfähige Eselsbrücke, die mich sicher durch Falten und Altersflecken zu ihrer ewigen Siebzehnjährigkeit führte. Ich hatte nun einmal gesehen, wie schön sie gewesen war, das genügte. Ich half ihr, die Kartons zu verschließen und Zettel darauf zu kleben, auf die sie geschrieben hatte: *Daß mir hier niemand kramt* und *Das geht keinen was an.*

*

Nun muss ich warten, bis sie kommen, Olga und ihr Bruder und Spitz. Ich habe schon mit schlimmerem Gefühl auf den Zahnarzt gewartet, und Spitz beißt nicht. Sie sind liebe Leute, ich muss ihnen dankbar sein, dass sie mich aufnehmen. Aber es ist so weit, so weit! Von Ge'ula muss ich mit dem Omnibus in die Stadt fahren. Ich habe alles gepackt. Es war nicht leicht. Ich ziehe jetzt in ein Matratzenlager. Ich werde auf dem Boden schlafen, neben einem Zahnarztmarterstuhl.

Aber vielleicht kann ich bei Olga und dem Doktor im Wartezimmer eine *Kindervisitte* geben? Wir spielen Blinde Kuh – *wer die beste Fratze schneidet – wer am lautesten schreien kann.* Sein wunderhübscher Sohn soll kommen mit seinem Schwesterchen Klein-Channa, die kenne ich noch gar nicht, seine Frau soll ihr *little child abholen, selbst sehen, wie gut und froh Child aussieht* und dann sehe ich sie endlich auch einmal, man muss seine Feinde kennen. *Werner darf nicht kommen – da er alles aufisst und Gedichte aufsagt.* Es gibt viel Bonbons, *Cakes* und *Cacao.* Bevor die Kinder gehen, schaut der Doktor ihre Zähne an. Kein Kind geht mit schlechten Zähnen nach Hause. *Kein Kind wird sich den Magen verderben.*

Ich höre die beiden guten Leute kommen.

Ich habe überlegt, ob ich mein Theaterstück hier lassen soll, irgendwo versteckt wie eine Bombe, die explodiert irgendwann und zerreißt den Wirt. Aber ich habe es eingepackt. Dieser Wirt verdient nicht einmal das. Außerdem will ich die Bombe selber zünden.

Ich gehe jetzt.

✳

Sie zündete die Bombe im Juli. Da gab sie eine öffentliche Lesung ihres kaum fertigen Dramas, das ursprünglich *Der bekehrte Satan* hatte heißen sollen und das nun den Titel *IchundIch* hatte.

Sie hat das Stück nicht gelesen, sie hat es gespielt. Es war die Uraufführung, vielleicht die einzige Aufführung dieses Stückes. Wenn es jemals auf die Bühne kommt, wird es nie so sein, wie sie es sprach. Man wird dann das Höllenszenario sehen und die Lavamassen, in denen die Männer des Dritten Reiches untergehen, gelenkt von Mephisto und Faust. Sie aber ließ die gesamte Szene nur mit ihrem Gesicht entstehen, mit ihrer Stimme und einem Seidenschal. Allen schien es, als entstünde der Text in ebendiesem Augenblick.

Hinterher hat einer behauptet, sie habe sich, als sie die Szene rezitierte, in der Mephisto seinen König greift und *Schach dem Ewigen!* bietet, den Schal um den Hals geschlungen und sich so sehr gewürgt, dass er habe aufspringen wollen, um sie aus der Schlinge zu befreien, weil er fürchtete, sie würde sich damit erdrosseln. Ein anderer meinte, sie habe den Schal an dieser Stelle zerrissen. Aber als sie heimging, völlig gebrochen und zerstört, trug sie den Schal um den Hals, er wehte hinter ihr her, zerknittert, aber lang, wie eine im Krieg eroberte Feldfahne, nur ganz ohne Jubel, von den Geschlagenen erbeutet, nicht vom Sieger. Sie schien entsetzlich alt. Nichts lebte an ihr als der flatternde Schal. Sie ging nicht mit den großen weiten

157

Männerschritten, die man von ihr kannte, sie schlurfte durch die King George Street. Wir folgten ihr, umkreisten sie, versuchten, sie aufzuhalten, blieben zurück und überholten sie. Es war etwas geschehen, mit ihr und mit uns, und wir wussten nicht, was.

Da blieb sie stehen, drehte sich, schaute uns an, einen nach dem anderen. Ich erkannte, dass sie keineswegs gebrochen, dass sie nur unsäglich müde war, und sie sagte: «Die deutsche Sprache hat es gut. Nur ein einziger Buchstabe trennt Erden von Eden. Ja, die deutsche Sprache hat es gut. Das bedeutet aber nicht, dass sie es besser hat.»

Sie ging weiter, federnder jetzt, schwungvoller. Sie ließ den Schal wieder flattern und deklamierte, als sie sprach: «Und wenn ihr gehen wollt von Erden nach Eden, dann müsst ihr durch die schmale Lücke, die dieser kleine Buchstabe lässt, und da passt keiner durch, keiner. Darum muss ein jeder hintereinander gehen, hinter sich selbst, muss sich teilen in Ich und Ich und muss rückwärtsgehen und sich selber anschauen dabei. Dann werden wir sehen, was durch das ‹r› passt und was nicht. Nur ist der Eingang zur Hölle nicht breiter, ich hab ihn versinken lassen im Höllenschlund, aber ihr habt es ja erlebt, er ist zäh, wir kriegen ihn so nicht weg, sein Vetter bleibt.»

Bin mit Herrn Adolf blutsverwandt, hatte ihr Mephisto gesagt, ich hatte ihre Stimme noch im Ohr.

«Aber wir Ichs und Ichs werden uns *alle richtig anpacken und mit wumpa wumpa wumpa so lange an den Adolf denken, bis wir den bezwungen haben, daß er in eine Synagoge geht und Schofar bläst. Dann ist das mit dem dritten Reich aus. Dann lacht sich die Welt kaputt über des Deuwels Trommler.* Das ist gar nicht so schwierig, man muss ihn nur ein klein wenig anders anschauen und kann über ihn nur noch lachen.»

Aber wir konnten nicht lachen.

«Mag sein», sagte einer, ich glaube, es war Schalom Ben-Chorin, «aber wenn einer keinerlei Gewissen hat, kann man ihn mit Gedanken nicht erreichen.»

Sie lächelte ihn an mit einer Art milder Weisheit.

«Er hat ein Gewissen», sagte sie.

Und einer hinter ihr sagte laut und deutlich: «Ja!»

Sie wandte sich um. Es war Martin Buber. Der wiederholte: «Ja. Jeder Mensch hat ein Gewissen.»

Da standen sie, die beiden Antagonisten und waren sich nah wie nie zuvor. Sie löste sich von Bubers Blick, schaute wieder auf uns andere und sagte: «Er hat ein Gewissen und es geht ihm damit nicht anders als uns. Sobald er allein ist, fällt es ihn an. Was glauben Sie, was tut er, wenn er allein ist?»

Sie drehte sich langsam im Kreis, fixierte jeden, den ihr Blick traf, die meisten wichen aus, auch ich, aus den Augenwinkeln sah ich, wie bei jedem, den sie anschaute, ein kleiner Teil des Lächelns und ein großer Teil der

Weisheit aus ihrem Gesicht rann. Sie ließ den Kopf hängen und nur die am nächsten standen, hörten sie flüstern: *«Er zerbeißt die dicksten Teppiche.»*

Sie ging weiter. Vor ihr flossen wir auseinander wie das Rote Meer, von hinten folgten wir ihr wie Ägypter. Britische Soldaten kamen und trieben uns auseinander. So viele Juden auf einmal, das war eine Gefahr. Aber ihr kamen sie nicht nah, vor ihr zuckten sie zurück und ließen es zu, dass wir uns wieder sammelten, die Soldaten mieden sie, scheuten vor ihr. Wie vor einer Toten, dachte ich erschrocken. War sie wirklich gestorben vorhin in dem Saal? Denn das Stück endet nicht mit dem Untergang der Nazis und auch nicht mit Faust und Mephisto. Der letzte Akt spielt nicht im Höllental, sondern in Dr. Tichos Garten. Da sitzt die Dichterin auf einer Bank im Gespräch mit der Vogelscheuche, todmüde, und sie stirbt, *so klein – sie ginge in das neuaufgeworfene Maulwurfsloch hinein.*

Bis nach Ge'ula konnte sie nicht laufen. Sie wartete mit Olga Neustadt-Alexander und dem Zahnarzt auf den Omnibus. An der Haltestelle stieg sie die Treppe eines fremden Hauses hinauf, streckte ihrer Eskorte die Hände zum Abschied entgegen und sagte: *«Ich freu mich so, ich freu mich so: Gott ist da!»*

Das erkannte ich, das werde ich nie vergessen, es waren die letzten Worte ihres Dramas, die spricht sie nicht, die singt sie, nachdem sie schon gestorben ist, leise, hinter dem Vorhang, der da schon gefallen ist.

Sie fuhr heim zu ihrem Matratzenlager zwischen Bohrern und Zangen zum Zähneziehen.

✳

Ich habe mein Theaterstück gelesen. Nun bin ich müde, und ich kann nicht schlafen. Ich habe meine Uhr weggepackt mit dem laut und so regelmäßig tickenden Herzen meines Urgroßvaters. Es ist zu laut für Olgas leichten Schlaf. Die Wände sind so dünn hier. David soll kommen und mich in die Arme nehmen. Psalmen soll er mir als Schlaflieder singen, und im Traum soll er mich Psalmen dichten lehren. Dann muss ich nicht mehr solche Theaterstücke schreiben. Und vielleicht nicht einmal mehr Liebesgedichte. Denn das geht ja auch nicht. Gott hat mich lieb und David wird kommen.

✳

Sie schlief in königlichen Armen.

✳

Davon sang David, der Psalmendichter:
... von Herden, die der Herr auf grünen Auen weidet und mit frischem Wasser erquickt ...

... von Engeln, die Ängstliche bei den Händen nehmen und über den Weg führen, dass ihr Fuß an keinen Stein stoße ...

... von der Errettung vor Feinden, deren Schwerter ein Ende haben, deren Fuß sich fängt in dem Netz, das sie selbst gestellt haben ...

Davon sang David, der Psalmendichter.

Als ich am nächsten Morgen erwachte, hat er mich nichts davon gelehrt. Ich fühlte mich nicht erfrischt und nicht erquickt, nicht beruhigt und nicht getröstet, mein Fuß stieß sich am Marterstuhl des Zahnarztes, ich komme schwer hoch, wenn ich so tief am Boden schlafe, und dann stolperte ich über die Matratze und fiel auf mein rechtes Handgelenk. Schreiben wird wehtun, was immer ich schreiben mag mit dieser Hand. Und ich hatte Angst, in die Stadt, ins Café zu fahren, wo die Zeitungen schon auf den Tischen lagen.

Davon sang David, der Psalmendichter:

... von dem Gottlosen, den der Übermut treibt, der böse Tücke ausdenkt, und heimlich erwürgt er den Unschuldigen ...

... von Feinden, die überhandnehmen, die Gottes Volk täglich erwürgen und auffressen wie Schlachtschafe ...

Wenn das die Art Psalmen ist, die er mich lehren will, so möchte ich wieder Liebesgedichte schreiben.

Ich fuhr dann doch zum Frühstück, obwohl ich wusste, dass im Sichel die Morgenzeitungen aufgeschlagen waren. Ich bestellte meinen Kaffee und meine Anisplätzchen, rührte lange in dem Kaffee ohne aufzuschauen und auch ohne Grund, da ich weder Zucker noch Milch hineingetan hatte, der Kaffee wurde kalt davon, sonst nichts. Ich starrte in die Tasse und hatte Angst, dass, wenn ich aufhörte zu rühren, alle Druckerschwärze der Zeitungen um mich herum sich in meinem Kaffee spiegeln würde, dann in den Spiegel eindringen und zu Boden sinken würde, ein schauerlicher Kaffeesatz, aus dem sich nur eine böse Zukunft herauslesen ließe. Ich versuchte das Schicksal der Welt zu versüßen, indem ich ein paar Zuckerstücke in die Tasse warf, und es aufzuhellen, indem ich Milch hineingoss, obwohl ich keine Milch im Kaffee mag, aber ich wollte ohnehin nichts mehr davon trinken, trotz des Zuckers blieb es ein bitterer Trank. Ich aß die Anisplätzchen trocken, bestellte ein Sodawasser, gern hätte ich Rotwein verlangt, aber der hätte für die Reflexion der Schlagzeilen die übelste aller Metamorphosen provoziert. Und doch konnte ich nicht gehen, ohne einmal rundum zu schauen und zu sehen, was mich umzingelte.

Ich saß im Zentrum einer Kesselschlacht. Rechts berichtete der Leitartikel des *Daily Telegraph* von

Rommel, der aus dem Westen immer näher kam, vor mir informierte die *Palestine Post*, dass trotz schwerster Verluste die Deutschen Kreta erobert hatten, die Briten mussten die Insel verlassen, links vermuteten *Blumenthals Neueste Nachrichten*, dass Amin al-Husseini, der Mufti, wahrscheinlich in Berlin sei und einen Pakt mit den Deutschen anstrebe. Sie haben keinen gemeinsamen Glauben, sie haben kein gemeinsames Land, sie haben keine gemeinsamen Ziele, aber sie haben einen gemeinsamen Feind: uns!

Ich erhob mich langsam – jedermanns Feind –, ich drückte mich durch die Lücke zwischen *Daily Telegraph* und *Palestine Post*, wissend, dass ich der Belagerung damit keineswegs entkam. Ich rannte die Ben Yehuda Street hinunter und sprang am Zionsplatz auf einen fahrenden Omnibus. Der brachte mich zur Altstadt. Beim Jaffator stieg ich auf die Stadtmauer und schaute auf die Stadt: 500 Seemeilen bis Kreta; 400 Meilen bis Rommel; 150 Meilen bis Damaskus.

Ich lehnte an den Zinnen des Davidsturmes, an uralten Quadern aus goldenem Sandstein unter sehr blauem Morgenhimmel, und ich wusste wieder, was ich geträumt hatte die Nacht: «ein Psalm Davids, vorzusingen von der Hinde, die früh gejagt wird: Mein Gott, mein Gott, warum hast du mich verlassen. Ich heule, aber meine Hilfe ist ferne.»

So schaute ich über die Stadt: Abraham klagt, Mose

164

trauert, Israel jammert, Joseph bedeckt sein Haupt und David streut Asche auf sein Haar.

Schlimme Zeiten für Dichter und Sänger.

Kein Psalm Davids mehr, zur Harfe zu singen, und kein Hohelied Salomos.

Ein Klagelied Hiobs, zur Trommel zu schreien.

*

Hier endet die zweite Kladde. Die letzten Seiten, vielleicht zwanzig, vielleicht mehr, sind ausgerissen. Wahrscheinlich waren sie beschrieben, denn ein Fetzen Papier ist in der Bindung der Kladde hängen geblieben, darauf ein einziges lesbares Wort. Es ist mit Tinte geschrieben, königsblau, nicht verschmiert, nicht gekritzelt, aber durchgestrichen. Es ist das Wort, das ihren Briefwechsel mit Ernst Simon zu einer Eskalation, einer Katastrophe brachte: *Gabriel* …

Die dritte Kladde
September 1941 bis Februar 1942

Die dritte Kladde beginnt mit einem Schrei.

*

Meira!

*

Es war Anfang September 1941. Sie war wieder umgezogen, hatte nun ein schönes großes Zimmer in der Straße Ha-Ma'alot, ein Mandelbäumchen vor dem Fenster nach Süden und Johannisbrotbäume vor dem Fenster zur Straße, darin turtelten *Flatter, Federlei* und *Braunrock*, ihre Tauben. Sie konnte wieder zu Fuß zum Café Sichel gehen, in die andere Richtung zu Simon in die Ben Maimon Street und etwas weiter zu Werner Kraft in die Alfasi Road. Die Ha-Ma'alot liegt am Rand von Rehavia, eine kleine Nebenstraße der King George Street, aber das Einzige, was sie mit der Ben Yehuda Street gemein hat, ist, dass sie genauso steil ist. Keine Cafés, keine Passanten, keine lustigen Australier, niemand, dem sie zuwinken, dem sie Bonbons zuwerfen, den sie beschimpfen konnte. Ein ruhiger, schattiger Ort.

Eines war mir inzwischen klar geworden: Auf den letzten Seiten der vorigen Kladde, den ausgerissenen, muss eine Katastrophe gestanden haben. Als sie ihre Sachen für den Umzug zusammenräumte – es ging schnell, sie hatte das meiste bei dem Zahnarzt gar nicht ausgepackt –, da flogen bei jedem Öffnen der Tür Papierfetzen durch den Flur und weiter in die Straßen.

«Tasso!», schrie sie. «Fangen Sie das ein! Es gibt ein Unglück sonst!»

Und ich sprang den Papierschnipseln nach, konnte aber nur wenige greifen. Sie waren beschrieben mit Simons Gelehrtenschrift. Ich brachte sie ihr, sie ließ sie fallen, ich sammelte sie ein, versuchte später, sie zusammenzusetzen, aber sie ergaben keinen Sinn. Ich wusste also nicht, mit welchem Unglück sie in das neue Zimmer zog.

✳

In der Stille wächst der Tod.

Meira!

An Tagen wie diesen brauche ich das Kind.

✳

Ich trug ihre Kartons und Pappkoffer die Außentreppe zum 1. Stock hinauf. Da stand ein Kind am Rand der Treppe und drückte sich an die Hauswand. Was da die Stufen hinaufschlurfte, musste es für eine Hexe halten. Die blieb stehen und sagte: «Ein Kind! Ein Mädchen! Wirfst du Bälle an die Wand? Lädst du Freunde ein? Springst ihr die Treppe hinauf und hinunter? Fallt ihr hin? Schreit ihr und weint ihr und lacht ihr und rettet ihr mir diese öde Straße? Sammelst du Albumbilder? Ich habe die Goldmarie und die Schneekönigin und jede Menge Engel mit Silberstaub und einen Gorilla, den tausch ich nicht, Prinzessinnen kannst du haben, die gibt es zuhauf, Gorillas sind selten.»

Meira blinzelte die Treppe hinauf und hinunter, als suchte sie einen Fluchtweg. Sie hatte kein Wort verstanden, ihre Mutter ist Russin, ihr Vater ist tot. Sie ahnte nicht, wessen beste Freundin sie gerade zu werden begann.

Die stieg die Treppe hinauf, die letzten Stufen mit leichten Füßen, und wirkte glücklich, minutenlang.

Das Zimmer war fast leer, nicht einmal ein Bett war darin, nur ein Liegestuhl.

«Ich sorge dafür, dass Sie ein Bett bekommen», sagte ich.

Aber sie schüttelte den Kopf.

«Es ist gut so», sagte sie und setzte sich in den Liegestuhl. «Hier kann ich schlafen. Ich will nie wieder in einem Bett schlafen.»

Nichts war ihr wichtig an diesem Haus, nur das Kind, Meira, ich schätzte sie auf zehn oder elf Jahre.

*

Aber sie haben das Kind in die Schule geschickt, wo ihm die Lehrer die Weisheit aus der Seele reißen und die Löcher mit Wissen zustopfen, die Wunden mit

Kenntnissen zunähen und die Narben mit Regeln salben, bis alle Menschen dasselbe wissen, dasselbe denken, dasselbe glauben, sich an dieselben Regeln halten, folglich dasselbe wollen, dasselbe tun, denselben Schritt gehen, den Gleichschritt ... Absätze knallten auf das Pflaster am Nollendorfplatz, keiner von denen ging auf Zehen wie die Wölfe und die Panther, all die scheuen wilden Tiere, in deren Höhlen ich manchmal Zuflucht finde.

Und hier bleiben die Wände nicht da, wo sie hingemauert sind. Es ist kein Lärm auf der Straße. Da haben sie nichts, was sie ablenkt. Sie stürzen sich alle auf mich. Bilder, Zeichnungen sind herabgefallen, die Tapete löst sich, durch den abblätternden Putz klaffen die rohen Ziegel wie offene Fleischwunden. Die Wand wandert, die rechte nach links, die linke nach rechts, der Tisch splittert im Zimmerspalt, die Decke senkt sich, der Leuchter streift mein Haar! – jetzt kann, wenn überhaupt irgendetwas, nur noch das Kind helfen. Meira!

*

Sie wohnte gerade zehn Tage in dem Zimmer, und es war schon das zweite Mal, dass Leokardia Weidenfeld in die Schule rannte und ihre Tochter holte. Alle wollten ihr helfen. Rachel, ihre Nachbarin, riss die Tür auf und fragte: «Kann ich etwas für Sie tun?»

Ich blieb im Hintergrund, ich kannte sie besser und wusste, dass wir nicht helfen konnten.

Sie schrie nach Meira. Sie kauerte am Tisch, über ihre Kladde gebeugt, und sagte: «Nein! Meira! Ihnen gehorchen die Wände nicht, Ihre Stimme zwingt die Teufel nicht fort und zaubert meine Lieben nicht herbei, nur vor Meira knien Wände und Meilen und Zeiten … nur Meira kann machen, dass ich wieder ein Kind bin in meines Vaters Garten, an meiner Mutter Hand, und es ist Sommer immerzu.»

Und dann stand Meira zitternd im Flur und wollte nicht in das Zimmer gehen.

*

Die Lampe ist mein Freund immerhin. Sie ist nicht viel mehr als ein halb verbrannter Papierschirm um eine rohe Glühbirne, aber sie weiß, was Licht ist, sie versucht, mir auszuweichen, will mir nicht wehtun, Licht ist mein Freund, auch eine nackte Glühbirne ist eine entfernte Verwandte der Sterne. Aber die Decke nicht! Die kommt auf mich runter, Decken sind meine Freunde nicht, sie sind der Trennstrich zwischen Himmel und Erde.

Es muss einer kommen und meine Hand nehmen. Ich lebe das verlassenste aller Leben, aus dem die Mutter starb, der Vater starb und der Sohn und fast alle Freunde. Und nun stirbt meine Welt.

Meira stand im Flur neben der offenen Tür. Sie hatte eine grünbunte, gläserne Libelle mitgebracht. Die gehörte ihr nicht. Ihre Mutter gab ihr zwei Bonbons und wollte ihr die Libelle wegnehmen, aber Meira hielt das spitzige Glastier so, dass Frau Weidenfeld es nicht zu fassen wagte aus Angst, es zu zerbrechen. Meira stand neben der offenen Tür außer Sicht der kleinen schwarzen Gestalt, die gekrümmt über den Tisch in ihr Buch schrieb und immer wieder – den winzigen Bleistift ganz in die Faust gekrallt – den Kopf zurückwarf und nach Luft schnappte.

Meira ging in das Zimmer und stand unbemerkt hinter ihr. Sie hielt die Libelle auf der flachen Hand vor der Brust und schützte sich mit gläserner Zerbrechlichkeit. Denn so gut kannte sie die alte Frau bereits. Tiere wie diese waren ihr heilig. Die Schwäne und Schmetterlinge, die das Zwischenlager in Nachrichten von Erdbeben, Selbstmord und einer abgesagten Boxweltmeisterschaft unversehrt überstanden hatten, tummelten sich auf dem Fensterbrett.

*

Wie kann ein einzelner Mensch so viele Verlassenheiten haben? Auf einem fernen Friedhof in Berlin weint eine andere alte Frau am Grab meines Sohnes, ach, Hedwig, seine Kinderfrau, sie hat ihn geliebt wie ich, an den Händen meiner Eltern gehen fremde

Engelskinder spazieren, alle meine Herzallerliebsten
küssen in fremden Betten, und er ist ein misstrau-
ischer Spießer [‹Spießer› durchgestrichen], der Böses
denkt, wenn ich liebe Briefe schreibe, er ist ganz und
gar kein Erzengel Gabriel, und David ist zu den Philis-
tern übergelaufen und singt in fremden Palästen, seine
Schleuder tötet die Feinde fremder Könige, und ich
darf nicht auf meine Hand schauen, wenn ich schreibe,
die ist furchtbar weiß. Ist so viel Putz von der Decke
gerieselt? Sieht mein Gesicht genauso aus? Wer wird
noch glauben, dass ich lebe? Das Zimmer ist eng wie
eine Gruft. Wenn ich mir die Lippen lecke, schmecke
ich modrigen Staub.

*

Meira versteckte die Hand mit der Libelle hinter dem
Rücken und schob die mit den Bonbons vor. Sie trat neben die alte Frau. Die richtete sich auf und atmete wieder
bis tief in die Lungen, die Decke hob sich, die Lampe pendelte, Tapetenhaut wuchs heilend über die Ziegelwun-
den. Meira hielt ihr die Bonbons hin. Sie lachten, beide.
Miteinander reden konnten sie noch nicht viel. Meira
hörte immer nur zu.

*

Aber da war Meira gekommen und hat mir Bonbons gebracht.

«Rot», sagte ich. «Zwei rote Bonbons. Ist viel Farbstoff drin? Dann machen sie die Lippen rot. Ich mag doch keinen Lippenstift, weißt du. Er schmeckt mir nicht. Bonbons schmecken mir. Und machen die Lippen rot. Eine Frau muss schön sein, wenn sie liebt. Auch wenn der Geliebte ein Spießer [durchgestrichen] ist und böse Briefe schreibt. Liebende sind so viel kostbarer als Geliebte. Die braucht man eigentlich gar nicht. Die stören nur.»

Ich nahm eines der Bonbons und leckte daran.

«Himbeer», sagte ich, «Himbeerbonbon.»

Ich hielt es Meira an den Mund und sagte: «Himbeerbonbon.»

Meira leckte und sprach nach: «Himbeerbonbon.»

Es war das erste deutsche Wort, das sie von mir lernte.

Dann leckten wir beide an dem anderen Bonbon und Meira lernte: «Johannisbeerbonbon.»

Das brauchte eine Weile. Sie musste wiederholen: Himbeerbonbon! und Johannisbeerbonbon!, und zur Unterscheidung mussten wir beide immer wieder daran lecken. Aber gegessen habe ich sie selber, beide. Jetzt schmecke ich süß, Meira braucht keine Bonbons. Sie ist jung und selber süß.

Und sie hat mir noch etwas mitgebracht. Das steht vor mir auf dem Tisch und ich traue mich nicht, es anzufassen. Es ist auch zu fein, um auf dem rohen Tisch zu stehen. Ich lief zu meinem Schrank, zog ein Blatt Papier aus meinem Kramkarton, riss ein Stück ab – es steht etwas drauf, meine Schrift ist das nicht, seine auch nicht – und ich schob den Fetzen vorsichtig unter das schillernde Tier.

«Gershom!», hat Meira gesagt. «Gershom!»

Ich glaube nicht, dass eine gläserne Libelle Gershom heißt. Sie wird einem Jungen gehören, der Gershom heißt. Ich darf sie nicht kaputt machen.

✳

Kurz danach las sie dann in der Zeitung, was geschehen war, vor zwei Wochen schon, gleich Anfang September, als sie gerade einzog in dieses Zimmer. Da war nur zehn Minuten weiter hinein nach Rehavia in der Ben Maimon Street –

✳

Eine Bombe! Eine Brandbombe! Brandbombe!

Was tu ich zuerst? Lauf ich hin? Schreibe ich ihm? Ich laufe hin! Ich muss sehen, ist wirklich niemand verletzt? Klein Channah nicht und Uri, sein Sohn? Nicht seine Gewerett? Und er? Er!

Und wird er, da er so bös von mir denkt – kann er glauben, dass ich es war? Sie treffen wollte oder gar ihn? Ich habe ihm einen schlimmen Brief geschrieben. Ich habe seinen Brief zerrissen. Der Wind treibt die Fetzen durch die Straßen dieser entsetzlichen Stadt. Er bläst ihm seine eigene Schrift ins Gesicht. Seine bösen Gedanken bleiben hängen an Hecken und Zäunen, und wenn nur draufsteht: «... wollen Sie ...» – ich will doch gar nichts! Nichts als ihn lieben dürfen wie einen Engel, Gabriel, und ich habe keine Bombe geworfen auf ihn!

✳

Man weiß nicht, wer die Bombe in Simons Haus warf, aber es ist nicht schwer zu erschließen, aus welchem Umfeld er kommt.

Ende August war Simon in dem Kinderdorf Ben Schemen gewesen. Er hatte an einem Treffen teilgenommen, einem kulturellen Austausch, einem gemeinsamen Fest von jüdischen und arabischen Jugendlichen. Er hatte den Einführungsvortrag gehalten, hatte gesagt, Juden und Araber dürften nicht länger nebeneinander leben in diesem einen Land, sie müssten zusammen leben, miteinander, auch füreinander – da schon hatte es Proteste gegeben – «antizionistisch!» – wurde ihm vorgeworfen – zwei Tage später flog die Bombe in sein Haus.

✳

Ich werde ihm schreiben. Wir müssen weitermachen damit. Müssen retten. Es geht um mehr als meine Liebe. Mein Zimmer ist groß. Hier kann er sprechen. Hier können wir planen. Wir laden ein: Juden und Araber. Es gibt ja von beiden auch gute. Die Nashashibi! Ich werde den Fakhri Bey Nashashibi einladen. Habe ihn lang nicht mehr gesehen hier in den Straßen. Ich schreibe ihm und bringe den Brief zur Post, nicht zu seinem Haus, obwohl das näher ist. Aber er soll nicht wieder denken, ich laufe ihm nach.

*

Ich denke nicht gern an diesen Tag, der ein übles Ende nahm. Am Abend dieses heißen Tages gab es ein totes Kalb und in dieser ohnehin verzweifelten Stadt zwei vollkommen niedergeschlagene Menschen: sie, die vergeblich versucht hatte, ein todgeweihtes Leben zu retten, und mich, der ich darüber gelacht und nicht geholfen hatte. Und der Brief an Simon kam auch nicht an.

*

Zu erschöpft.
Und so gescheitert.
Ach.

*

Trotz der Hitze trug sie die Leopardenfellmütze, allerdings keinen Mantel, aber den Stockschirm. So taumelte sie durch die Straßen. Die ihr entgegenkamen, traten beiseite, sie murmelte halblaut vor sich hin, auf ihrer Stirn unter der Pelzmütze flossen Schweißtropfen in den Falten ihrer Haut, kleinere Kinder flohen in die Hauseingänge, sie blieb stehen, stützte sich auf den Schirm. Halbwüchsige verspotteten ihre Leopardenfellmütze, sie drohte den Jungen mit dem Stockschirm, da liefen sie weg. Eine freundliche, junge Frau half ihr über die King George Street, sie stolperte die Bordsteinkante zur Ben Yehuda Street hinauf.

＊

Mein Kälbchen. Ein Rettungsversuch

Erst sah es so aus, als sei in der Ben Yehuda Street alles in Ordnung. Vor dem Hotel Atlantic parkte ein Auto, in allen Cafés waren die Stühle besetzt, die Kellner verrückten die Sonnenschirme, als zöge die Sonne ihre gewohnte Bahn!

Das tut sie aber nicht.

Ein paar Zeitungen lagen offen auf den Caféhaustischen. Wir haben hier geglaubt, es würde besser für uns, wenn die Deutschen nun gegen Russland kämpfen. Aber plötzlich verstand ich: Die Russen werden nun gegen die Deutschen kämpfen. Berlin! Sie werden Bomben werfen auf mein Berlin! Sie fangen schon an. Ich starrte auf die Zeitungen. Sie hätten längst im Schatten liegen sollen.

Aber die Sonne blieb im Zenit.

Es ist eine Bombe in die Zeit gefallen,

hat Vergangenheit und Zukunft

auseinandergerissen,

die Enden hängen lose,

wenn sie jemals wieder

zusammenwachsen,

wird Gegenwart

eine Narbe sein.

Ich lehnte mich an einen Sonnenschirm.

Ich muss in der Wunde leben, dachte ich, wir alle, jetzt und vielleicht immer, denn der Schirm wirft keinen Schatten.

Ich hob die Faust gegen die Sonne und schrie: «Blendet, blendet! Verblendet alles, gefälschtes Licht, erlogene Wärme, List, eine List, das alles.»

Ich hatte noch ungefähr fünfzig Meter Ben Yehuda Street. Ich musste den Brief zur Post bringen und ging weiter.

Die Sonne stand immer noch im Zenit.

Und die Deutschen nutzen die verzögerte Zeit, überrennen Polen, Frankreich, Dänemark, Holland – in einem halben Jahr wirklicher Zeit wäre das niemals möglich gewesen. Sie packen die Tage so voll mit Morden, dass die Leichen früh und spät über die Dämmerung schwappen. Da kommen die Stunden nicht mehr mit. Stunden haben kein Zeitgefühl. Und die Sonne steht still zu Gibeon, Josua verfolgt die besiegten Amoriter, erschlägt die fliehenden, Nachzügler alle, die Könige und ihr Heer.

Es war aber Sonne, immer noch Sonne, was einen Tag zu lang über Gibeon stand. Wenn jener aber die Sonne stillstehen heißt, bleibt am Himmel sein Kreuz mit den Haken, Sonnenrad, solange das scheint, wird nie etwas anderes als Zwielicht sein. Er hat die Sonne gerädert, gefoltert das Licht, das aufgeht und unter.

Ich stolperte und fiel einem Mann in die Arme. Der fing mich auf. Er hatte gute, freundliche Augen.

«Wie auch immer», sagte ich, «wie auch immer, es ist lang nicht mehr gewiss, wer ihren Christus umgebracht hat. Haben wir seinen Körper getötet? Sie morden seinen Geist.»

Der Mann antwortete in einer Sprache, die ich nicht kannte.

Als ich den Jaffa Road erreichte, hörte ich einen Schrei, einen Todesangstschrei und blickte in Augen, die auch, wenn man sie für angstgeweitet hielt, viel zu groß waren. Beim Café Atara zog ein Mann an einem Strick ein Kalb hinter sich her. Das spürte, wohin es gehen sollte, stand und schrie. Endlich konnte ich etwas tun. Ich entriss dem Mann den Kälberstrick und setzte ihm die Spitze meines Stockschirms auf die Brust.

«*Sie böser Mann*», schrie ich, «*lassen Sie sofort das arme Tierchen los. Sie wollen es doch ins Schlachthaus bringen.*»

Der Mann wehrte sich nicht. Dumme, schaulustige Passanten blieben stehen, versperrten mir den Weg, als ich versuchte, das Kalb davonzuzerren. Aber auch das Kalb trug nichts zu seiner Rettung bei. Es folgte weder meinem lockenden Rufen noch meinem energischen Zug an dem Seil. Ich habe keine Erfahrung mit Kälbern. Inzwischen war ich umringt von grinsenden Zuschauern, alle standen im Weg herum, keiner half. Das Kalb geriet in Panik. Ich brauchte Hilfe.

Ich lief ins Café Atara und ließ mich mit der Jewish Agency verbinden, der Kellner kennt mich, er reichte mir den Hörer und ich sagte: «*Hier ist ein böser Mann! Er will ein armes unschuldiges Kälbchen töten! Tun Sie was dagegen!*»

Draußen standen dann, als ich zurückkam, nur noch grinsende Neugierige.

*

Sie stand mitten in einer Gruppe Fremder und war von außen nicht zu sehen, nur zu hören, sie keifte, ich sah ihren Stockschirm über den Köpfen zucken. Einige lachten, einige versuchten, sie zu beruhigen. Sie sprachen arabisch oder hebräisch. Ich hätte helfen können, übersetzen, aber als ich erfuhr, was geschehen war, lachte ich mit. Sie schaute von Gesicht zu Gesicht. Ich duckte mich hinter einen Araber. Da hörten alle auf zu reden und zu grinsen. Es war sehr still, als hätte sich auch der Verkehr auf der Jaffa Road entfernt.

«Manche gewöhnen sich», sagte sie, «und manche gewöhnen sich nicht. Totmachen. Manche lernen es und manche verlernen es ganz und gar. Ja. Manche so, manche so, macht zusammen alle, keine mehr dazwischen, alle, so und so, lernen, verlernen töten, so ganz und gar.»

Es grinste keiner mehr, aber es hatte sie auch keiner verstanden. Nicht einmal ich, sonst hätte ich doch nicht gelacht. Wer versteht ihre Sprache? Die Araber nicht. Die Hebräer auch nicht. Die Deutschen etwa?

*

Der Mann mit dem Kalb war weitergezogen. Ich wusste nicht, in welche Richtung ich ihm nachlaufen sollte, auch hatte er keine Spuren gelassen auf dem Asphalt. Ich war sehr traurig. Ach.

*

184

Der Brief erreichte Simon nie. Sie fand ihn Jahre später in ihrer Handtasche, kurz vor ihrem Tod. Da hatte er sowohl in persönlicher, poetischer als auch in politischer Hinsicht keinen Sinn mehr. Die Gedichte ‹An Ihn› waren bereits veröffentlicht, und der Gedanke, Juden und Araber in einem Zimmer wie dem ihren versammeln zu können, war nur noch absurd.

✳

Meira wollte die gläserne Libelle wieder abholen, aber ich habe sie mit flehendem Blick gebeten, mir das zerbrechlichste aller Wesen noch ein paar Tage zu lassen. Sie hat ja gesehen, wie behutsam ich damit umgehe. Nie fasse ich die Grünschillernde an. Ich schiebe immer nur das Stück Papier, auf das ich sie gestellt habe, über den Tisch. Ich habe sie auch nicht heimlich von dem Zettel genommen, ich weiß nicht einmal, was darauf steht oder wessen Schrift das ist, nicht seine und nicht meine, wer drängt sich da zwischen uns? Das wüsste ich gern.

✳

Ich saß nun oft mit ihr im Vienna ganz hinten, fast verborgen auf dem einzigen Sofa. An einem Nachmittag kam Gerson Stern ins Café. Er blieb einen Moment stehen und gewöhnte seine Augen an das Dunkel, dann schaute er sich um. Als er sah, dass sie nicht allein war, nickte er mir unauffällig zu und ging, die Erleichterung im Gesicht. Ich wusste, er hatte Dienst. Sie hatte nämlich Shalom Ben-Chorin erzählt, dass sie immer jemanden in ihrer Nähe haben wollte für den Fall, dass sie ihn brauchte. Er selber wohnte zu weit außerhalb des Zentrums, darum hatte Werner Kraft einen Plan ausgearbeitet: Man sollte sie nie allein lassen, es sei denn, sie wollte allein sein, dann dürfe man sie auf keinen Fall stören. Also gab es einen Bereitschaftsdienst, der rund um die Uhr verfügbar sein und ein hohes Maß an Flexibilität aufweisen musste. Die Diensthabenden hatten zu verhindern, dass sie ins Kidrontal oder in tiefe Depressionen stürzte, drei Viertel ihrer Monatsrente an magere Kinder verschenkte oder arabischen Glasschmuck kaufte, überladene Esel befreite oder britische Offiziere ohrfeigte. Inzwischen verbarg sie mich nicht mehr wie einen heimlichen Geliebten, ich durfte Teil des Bereitschaftsdienstes sein, und alle waren froh, dass ich freiwillig zusätzliche Schichten übernahm, auch ungeplant bei ihr blieb, wenn ich sie irgendwo traf, was selten zufällig geschah. Da Gerson Stern mich bei ihr sah, hatte sich diese Aufgabe für ihn erledigt. Er verschwand, bevor sie ihn bemerkte. Sie zeichnete mit Bleistift eine Skizze von Simon auf den Marmortisch, ein paar Striche nur, verblüffend ähnlich und zugleich war das ohne Zweifel eine Figur aus Jussufs Theben.

«Sie grinsen, Tasso», donnerte sie. Und flüsternd fuhr sie fort: «Sie zumindest dürfen nicht grinsen. Ich weiß schon, alle werden über mich lachen, wenn das bekannt wird. Aber was ist eigentlich so komisch daran, dass ich junge schöne Männer liebe? Würde diese Welt mich weniger verspotten, wenn ich alte hässliche liebte?»

✳

Dies ist kein Liebesbrief, *dearest Ernest*, ich schreibe dir keine Liebesbriefe, *Ernest Apollo*, ich muss dir das sagen, sonst merkst du es vielleicht nicht und denkst wieder, dass ich wer weiß was von dir will, und schreibst mir böse Briefe, die werde ich zerrreißen, alle.

✳

In den Cafés riss sie die weißen Ränder von Zeitungen in allen Sprachen und sie schrieb auf die Streifen: *I love you, I love you* – nebeneinander, untereinander, durcheinander.

Keimlinge setzen für Liebesgedichte, nannte sie das, mal sehen, was daraus wächst.

Nur wenige dieser Zettel gerieten in den Abfall, denn ich ging täglich durch die Cafés und sammelte sie alle ein, aber einen muss ein anderer mitgenommen haben.

✳

Er hat ihn! Er hat ihn gefunden. Ich sah ihn bei einem Vortrag in der Ohle Germania aus seinem Buch fallen. Er bückte sich ganz schnell, aber ich habe gesehen, wonach er sich bückte, er legte die Hand darauf und da trafen sich unsere Augen. Wir waren ein bisschen verlegen, beide, aber wir haben gelächelt, er auch. Aus welchem Buch der Zettel fiel, weiß ich nicht und auch nicht, worüber er gesprochen hat, ich habe nicht zugehört.

*

Auch in meinen Büchern sammelten sich besondere Lesezeichen. Ich hatte mir von Werner Kraft ihre Gedichtbände ausgeliehen und schrieb Zeilen auf kleine schmale Pappstreifen:

> *Wäre mein Lächeln nicht versunken im Antlitz,*
> *Ich würde es über ihr Grab hängen.*

Damit meinte sie das Grab ihrer Mutter. Ich aber dachte: Wenn mir jemals eine Geliebte stirbt, hänge ich ihr diesen Satz übers Grab. Lohnt es sich nicht, für einen solchen Satz eine Geliebte zu verlieren?

Und ich dachte: Ich habe meine Geliebte längst verloren, an die Zeit, diese grausame Verdreherin der Wirklichkeit, die auf die unsinnige Idee gekommen war, dass die Frau, die diese Zeilen geschrieben hatte, fast fünfzig Jahre älter war als ich.

Nichts geschieht wirklicher als in meinem Kopf ...

Stand auf einem anderen Papierstreifen. In meinem Kopf lebte ihr siebzehnjähriges Gesicht, das ich auf dem Foto in ihrer Kramkiste gesehen hatte unter dem gläsernen Herzmedaillon mit dem Porträt ihres toten Sohnes. Jedes Mal, wenn es mir gelang, ihr bei ihren unermüdlichen Stadtgängen über den Weg zu laufen, erschrak ich tief, wenn ich ihre gebeugte Gestalt und ihr zerfurchtes Gesicht sah, und war im selben Augenblick zutiefst glücklich, dass ich sie kennen und mit ihr reden durfte. Am Abend bastelte ich dann neue Lesezeichen. Ich hatte inzwischen mehr Lesezeichen, als ich lesen konnte.

Und dann kam jener Tag, an dem ich – durchaus unrechtmäßig – ein kostbares Gefäß annektierte, in dem ich ihre Verse in meiner und die *I love you*-Zettel in ihrer Handschrift angemessen aufbewahren wollte, aber ich konnte es nicht, denn in dieser Zeit geschahen Dinge, die wirklich waren und wirklicher als alles, das in ihrem Kopf geschah.

Es war ein schrecklicher Tag, seit ein paar Tagen waren alle schrecklich, denn es verbreiteten sich Gerüchte in den Straßen. Brennend wie Lauffeuer wurden sie aufgesogen von der Stadt wie Tinte vom Löschpapier, nur gelöscht wurden ihre verheerenden Brände dabei nicht.

Bei Haifa war ein kleines illegales Boot mit Flüchtlingen heimlich gelandet, und alle – niemand wusste, wie viele – waren untergetaucht, keinen hatten die

Briten erwischt, um ihn ins Lager Atlit zu verbannen und baldmöglichst nach Mauritien abzuschieben. Aber wir konnten uns nicht mit den Geflüchteten freuen, denn sie brachten Nachrichten, die niemand glauben wollte. Um weiterzuleben, mussten wir das alles für Gerüchte halten. In den englischsprachigen Zeitungen stand nichts davon. Natürlich hatten die Engländer kein Interesse daran, die Araber wissen zu lassen, dass sich eine Bootsladung Juden im Land verteilte, und noch weniger wollten sie wahrhaben und erst recht nicht durchsickern lassen, was man inzwischen in Deutschland den Juden antat. Werner Kraft gab die Parole aus: «Dass sie nichts davon erfährt! Schweigen! Und leugnen, wenn sie etwas aufschnappt, das kann sie ja gut. Oder ahnt. Das kann sie noch besser.»

Ich folgte ihr die King George Street hinauf. Bevor sie in die Ben Yehuda Street bog, blies ihr einer der kurzen heißen Windstöße, die manchmal diese Stadt beunruhigen, ihren alten Indiohut vom Kopf. Sie griff mit beiden Händen in die Haare. Ihre letzte Bewegung, bevor sie erstarrte. Sie schaute auf den Mann, der am Eckhaus der Kreuzung lehnte und weinte. Als sie die Hände wieder bewegte, sah es aus, als hätte sie nie etwas anderes tun wollen als sich die Haare raufen.

Den Hut hob sie nicht auf. Das machte ich und ich entschied, dass ich ihn nie zurückgeben würde.

Ich helfe ihr, dachte ich, ich pflanze alle gesammelten

Setzlinge, alle Keimlinge neuer Liebesgedichte – *I love you
I love you* – in diese Schale ihres Kopfes, ich dünge sie
mit Lesezeichenversen, nichts geschieht wirklicher als in
ihrem Kopf …

Aber um ihr zu folgen, musste ich an dem weinenden
Mann vorbeigehen, und das schaffte ich nicht, ich stand
da und fühlte mich wie ein Bettler mit einem leeren Hut,
in den niemals jemand etwas hineinlegen würde.

Auch ich nicht.

Im Café Sichel legte ich ihr wortlos den Hut auf den
Tisch. Sie starrte durch mich hindurch. Mit einer mecha-
nischen Bewegung setzte sie den Hut auf. Wahrscheinlich
hat sie nicht einmal gemerkt, dass er gefehlt hatte. Ich
floh. Ich hätte Werner Krafts Forderung: «Dass sie nichts
davon erfährt» nicht erfüllen können.

*

Ich ging zum Frühstück ins Café Sichel.

Es ist etwas Neues in der Stadt. Die Menschen
schweigen von anderem. An Straßenlaternen, Arkaden-
säulen, Hauswänden lehnen mehr als vor wenigen
Tagen. Freunde sehen älter aus. Auch die Kinder. Fremde kommen von weiter her. Straßen, die eben waren,
führen nun bergauf. Ein Teil der Zeit vergeht nicht.
Etwas vom Jetzt wird nicht Vergangenheit, tickt, tickt
auf der Stelle, wiederholt, wiederholt sich, als sollte da

jemand was auswendig lernen. Aber niemand kann sich das merken. Als ich das Café erreichte, hatte ich keinen Hunger mehr.

Kaum einer blickte auf, während ich durch die Tische und Stuhlreihen ging, aber alle falteten sie die Zeitungen zusammen und ließen sie unter den Tischen verschwinden, aber nur die hebräischen, wie seltsam, nur die hebräischen, die ich doch gar nicht lesen kann. Keiner meiner Freunde war da. Ich setzte mich zu Bekannten, die wenigstens Deutsch sprechen. Aber die sagten nicht viel. Ich erzählte ihnen von der gläsernen Libelle, die immer noch auf meinem Tisch steht, auf einem Fetzen Papier mit einer schönen Schrift, die nicht meine ist, und da sagten sie: «Ja, ja.» Und: «Ach, wie hübsch.» Und einer lächelte mich an. Ich griff nach seiner Hand. Ich hatte Angst. Das immerhin war vertraut. Angst habe ich immer gehabt. Angst ist nicht etwas, das sich verbraucht, das weniger wird und irgendwann weg ist. Angst findet überall etwas zu essen, gerade in schlechten Zeiten. Nun sind es schon mehr als sieben fette Jahre Angst. Das ist jenseits der biblischen Grenze. Kein leichtes Träumen und Deuten für Joseph von Ägypten.

Am Nebentisch hinter mir sagte einer ein hebräisches Wort, das ich nicht verstand. Er sagte es noch einmal. Ich verstand es noch immer nicht. Er sagte es zum dritten Mal. Da schaute ich mich um. Der Mann blickte an mir vorbei, auch an allen anderen vorbei

192

und sagte immer dasselbe Wort, wie ein schlechter Schauspieler, der seinen Text vergessen hat. Zwar, die Souffleuse flüstert ihm zu, aber er nimmt ihren Satz nicht, er verweigert die nächste Szene, er will dieses Stück nicht weiterspielen, er gibt den anderen kein Stichwort mehr, die Souffleuse schreit, ein altes Gesetz des Theaters wird gebrochen, die Souffleuse schreit das Stichwort, ein Beflissener greift danach, der Verweigerer wird übergangen, es geht weiter mit dem Stück, er stirbt halt zwei Szenen zu früh, macht nichts, viel hatte er nicht mehr zu sagen. Sterbend fällt ihm sein Text wieder ein. Er sagt ihn auf, wie gerade eben auswendig gelernt, ganz ohne Effekte, wie hinter der Bühne noch einmal rezitiert, niemand schaut hin. Und nun spielen sie das Stück zu Ende, nur hinterher will kein Autor vor den Vorhang treten, kein Regisseur, keiner will das Stück geschrieben, keiner es inszeniert haben, keiner will eine Karte gekauft haben für diese Vorstellung, und die Schauspieler legen heimlich die Masken ab, verbergen sie in den Falten ihrer Gewänder, vergessen, welche Rollen sie gespielt haben. Giselheer ist dabei und ist einer der wenigen, die die Maske offen in den Händen halten, zerbrochen hängt sie in seinen Händen, da hat er nun keine Maske mehr, aber auch kein Gesicht. Ich schrie!

Der Kaffee schmeckte mir nicht. Ich aß noch weniger als sonst und floh zu Dr. Tichos indischem Garten. Ich hoffte, da gäbe es Ungeheuer. Was zum Gruseln hätte mir gutgetan.

Am Zionsplatz fuhr ein Omnibus vorbei. Aus dem Fenster schaute ein Mann mit Augen, die keine Farben sehen können. Ich blieb am Rand des Jaffa Road. Der Bus kam wieder und wieder, er hetzte auf dem Jaffa Road hin und her wie ein verängstigtes Tier in seinem Käfig, als suche er eine andere Straßenmündung, vielleicht eine bunte, eine, in der noch Farben sind, wenigstens auf den Reklameschildern. Ob der Fahrer auch farbenblind war, konnte ich nicht sehen. Als der Omnibus gerade einmal wieder vorbei war, rannte ich über die Straße.

Ich sah sie über die Jaffa Road laufen, mitten in den Verkehr hinein. Die Autos bremsten. Sie sprang zwischen Kotflügeln und Motorhauben herum, ein kleiner schwarzer Schatten, an jenem Tag ungeschmückt und verblüffend flink auf den Beinen. Ich folgte ihr ungefährdet, die Autos waren stehen geblieben. Sie drehte sich um, packte mich beim Arm und zeigte auf einen Bus, der Richtung Altstadt davonfuhr. Der Fahrer sei verrückt geworden, behauptete sie, aber das sei ja ganz normal.

Da sie meinen Arm nicht losließ, gingen wir zusammen zum Haus des Arztes und durch den Garten. Sie blickte sich suchend um.

«Warum nennt er das seinen indischen Garten, wenn er nicht endlich ein paar wilde Tiere anschafft», klagte sie.

Aber noch immer schlichen keine Tiger durch das Unterholz, war der Stresemann der Vogelscheuche das einzig Gestreifte, und am überwachsenen Gartenteich sonnten sich keine Schlangen, nur Eva, Tichos kleine Nichte, saß da, rührte mit einem Stöckchen im Wasser und sprang auf, als sie uns sah. Sie starrte uns an und sagte: «Der Onkel ist traurig, weil er den Leuten die Augen nicht mehr gesund machen kann.»

Als wir zum Haus gingen, kam uns Dr. Ticho entgegen. Eva rannte auf ihn zu und sprang ihm in die Arme. Er hielt sie fest und schaute uns an.

«Was wissen Sie?», fragte er. «Wer hat Ihnen was gesagt? Das soll man nicht tun. Es ist genug, wenn ich am Ende bin mit aller ärztlichen Kunst. Bilder gibt es, Prinz, es gibt Bilder, die kann man keinem Menschen von der Netzhaut operieren, die sind da eingebrannt und werden Hintergrund sein für alles, was diese Augen nun anschauen werden. Keine Bilder für Sie, Prinz. Gehen Sie, sorgen Sie, dass Sie viele Türen hinter sich schließen und retten Sie uns Bilder.»

*

Heute Nachmittag war ich mit Meira im Cinema Zion.

Ich habe eine große Tüte Himbeerbonbons an der Kasse gekauft. Dann schickte ich Meira vorsichtshalber voraus: kundschaften! Ich bin nicht feige, wenn es um meinen Körper geht. Nie floh ich vor zutretenden Stiefelabsätzen auf dem Nollendorfplatz. Doch nun ist Krieg. Da hat jeder seine Aufgabe. Meira sollte kundschaften, wann die Wochenschau vorbei ist. Ich muss meine Bilder durch Bomben und Granaten tragen und mit meinem Körper decken, dass sie sich nicht mischen mit den Bildern auf der Netzhaut von Dr. Tichos Patienten. Die Himbeerbonbons in der rechten, die Kinokarte in der linken Hand drückte ich den Rücken an die purpurrote geblümte Stofftapete. Durch den schweren roten Samtvorhang vor dem dunklen Raum hörte ich, was mir alle verschweigen und ich doch schon weiß: Sie töten nicht nur, wenn sie kämpfen – an der gegenüberliegenden Wand des matt erleuchteten Ganges hing ein Filmplakat – sie schießen nicht nur auf Soldaten – gegenüber trug Clark Gable auf starken Armen eine bewusstlose Frau – die den Panzern folgen, bringen die Juden um, wo sie grad welche erwischen. Den Clark-Gable-Film kenne ich schon, ich habe ihn letztes Jahr im Orion gesehen, aber ich werde ihn noch einmal anschauen, es wird viel geküsst und geschossen darin. Meiras kleine Hand griff durch den Vorhang, ich ließ mich an den Himbeerbonbons in den Raum hineinziehen, die Panzer waren fort, erleichtert sank ich in den Plüsch, die Leinwand war frei für richtige Monster, King Kong glotzte durch ein Küchenfenster im 9. Stock eines New Yorker Hochhauses, sein Gorillagesicht ist erheblich stärker behaart als nur mit einem Lippenbärtchen. Ich bot Meira ein Bonbon an.

❋

Sie liebte das Kino. Sie behauptete: «Kein Kino beginnt mit dem Hauptfilm, bevor ich da bin.»

Und sie erzählte: «Ich wollte mal ins Orion, und das wussten die. Und dann bin ich doch ins Cinema Zion gegangen, und im Orion haben sie gewartet und gewartet, und ich kam nicht, und sie haben schließlich doch den Film gezeigt, aber Cary Grant hat sich geweigert Katherine Hepburn zu küssen, er hat immer nur geguckt, wo ich bin. Ehrlich.

❋

Ich war bei *ihm*.

Ich stand halb verborgen in der Hecke auf der gegenüberliegenden Straßenseite und brannte seinem Heim mit den Augen Löcher in die Fassade. Am Fenster eine Frau! Hinter Spitzengardinen ein durchlöchertes Gesicht, von Motten zerfressen, gespalten vom Blatt einer Clivie. Mit wem betrügt er mich da?

Von ihm sah ich nichts. Er lässt mich allein.

Allein in meiner alten Haut.

Allein – im Zimmer mit einer gläsernen Libelle, die steht auf dem Tisch zum Flug bereit – allein.

In meiner alten Haut.

Aber er hat meinen Zettel gefunden, *I love you, I love you,* und ich trage meine Haut jetzt als ein Gewand, ein königliches. Es fällt über meinen Körper in knisternden, knitternden Falten. So hab ich mich zurückgenommen, so hab ich dir Platz gemacht in meiner Haut. Ziehn dich die jungen Frauen stärker an? Die füllen ihre Häute selber aus. Die lassen nicht viel von dir ein. Ist dir das wirklich genug? Ich gebe dir größeren Raum für eine größere Liebe.

Und die Muster, die sie macht, meine Haut: die feinen Rauten und Dreiecke, die marmorierte Struktur geplatzter Äderchen, die sanftbraunen Flecken beim Treffpunkt geselliger Pigmente ...

Und wenn du sie zusammenschiebst, meine Haut, auseinanderziehst, spannst und verspannst, bildest du sacht sich kräuselnde Wellen, und wenn du mich stürmischer liebst, wirfst du sie auf zu höheren Wogen, zu Strudeln und Wirbeln, Springflut von Lippen zu Lenden, von Hals zu Hüfte. Mond kannst du spielen mit meiner Haut, du Mond, ich Meer, mutwillig wechselnde Gezeiten, Ebbe und Flut. Das geben dir die jungen Frauen nicht. Die lassen dich immer nur Sonne sein.

Und so dünn ist meine Haut. Keine prallen Fettzellen

trennen deine streichelnde Hand von meiner Seele. Nur meiner Mutter bin ich einmal näher gewesen, nur mein noch ungeborenes Kind hat mich tiefer berührt.

Die Haut zwischen meinem Daumen und meinem Zeigefinger ist durchsichtig wie Papier, Pergament auch, zerknittertes, über den Knochen meiner Hüften. Wenn du mich glattstreichst, kannst du mich lesen. Aber sei vorsichtig, du. Ich bin eingewickelt in eine uralte Papyrusrolle. Jahrhunderte lag ich in Pyramiden, in den Grabkammern der Pharaonen. Wenn du mich ganz sachte auffaltest und glattstreichelst, kannst du lesen, wer mich liebte: Runen, Hieroglyphen, bunte aztekische Knotenschnüre. Ich habe viel geliebt. Nur auf meinen Augenlidern das Papier ist noch nicht beschrieben. Da trag deinen Namen ein, denn dies wird eine Augenliebe. Ach.

Schreib mir ein Wort auf die Haut, ich mach dir einen Vers daraus und schreib ihn auf deine. Ich will dich beschreiben. Wie du bist. Deine ganze Gestalt will ich beschreiben mit Hymnen, Balladen und Oden. Meine Finger schreiben gut.

Das Muster in den Fingerkuppen ändert sich nicht. In die Fingerkuppen eingraviert ist der ganze Mensch. Seele geht auf Fingerspitzen. Detektive erkennen Mörder, Diebe, Betrüger an den Abdrücken, die ihre Finger ließen, auch noch Jahre nach dem Mord. Wenn meine Finger über deinen Rücken gleiten, machen sie keine anderen Spuren als vor vierzig Jahren auf der Haut des spanischen Prinzen, der Pauls Vater wurde. Warum sollten wir einander nicht lieben können?

Aber meine Augen sind alt. Ich kann die Rillen nicht sehen, die Wirbel, die Spirale, die mein Ich in die Fingerkuppen gegraben hat. Ich brauche den Stift, der hat so vieles von mir verraten, und wie die Nadel auf einer Schallplatte liest der Stift zitternd, vibrierend mein Wesen aus den Rillen. Und aus dem Trichter des Grammophons tönen lauter Liebeslieder. Ich probiere alle durch, Zeigefinger, Ringfinger, rechte Hand wie linke, aus all meinen Fingern tönen Liebeslieder. Auch aus den Daumen.

✳

Und dann sperrte sie ihn in eine Streichholzschachtel.

«Sehen Sie her, Tasso», sagte sie. «Da habe ich ihn eingesperrt!»

Wir saßen im Café Vienna, weg von der Straße, ganz hinten auf dem Sofa, sie kippte die Streichhölzer auf den Tisch und zerknackte sie zwischen den Fingern oder brannte sie ab.

«Geschieht ihm doch recht!», sagte sie. «Was soll ich immer alleine brennen.»

Ein Kellner blieb stets in der Nähe und ließ sie nicht aus den Augen.

«Sehen Sie, wie der mich belauert?», sagte sie. «Sie

haben Angst, ich zünde ihnen den ganzen Laden an. Und recht haben sie. Ich würde diese ganze Stadt niederbrennen, wenn ich sicher sein könnte, dass sie im Feuer ist, die – Sie wissen schon wer – die mein ich, dass die im Feuer ist. Ich fühle mich nicht gut, Tasso, ich fühle mich böse. Wer nicht lieben kann, muss hassen. Hass ist der Schatten, den Liebe wirft.»

*

Wie bring ich sie um?

Das Blatt der Clivie am Fenster spaltete ihre Stirn. Ich aber gönne ihr den Blumentod nicht. Er macht zu schöne Leichen. Sie soll ertrinken. Aber wo? Keine Spree ist mir geblieben, keine Havel, kein Wannsee. Verloren die Wupper und kein Jordan dafür. Die Nacht, es war eine schlaflose, hat mich zerrüttet. Ich war den alten Urgroßvater leid in meinem Bett, das nur ein Liegestuhl ist. Ich warf sein leidenschaftslos regelmäßig schlagendes Herz an die Wand. Da brach es denn wie alle Herzen. Über phosphoreszierenden Leuchtziffern splitterte Glas, aus dem Gehäuse sprangen Zahnräder und Spiralen, kein Prinz. Mein schmerzender Körper blieb allein. Ich lag auf der Seite, ich lag auf dem Rücken und schrie nach ihm. Überall, wo er mich nicht berührte, tat er mir weh. Nur die dünne, geflickte Decke lag auf mir. Decken sind schlechte

Geliebte, ich warf auch sie fort und zitterte frierend ins Morgengrauen. Wenn ich ihm heut kein Gedicht mache, muss ich sterben.

Meine Knöpfe müssen mir helfen. Als ich Knopfgedichte machte, war ich dreißig Jahre jünger, als er es jetzt ist. Wir hätten uns lieben können. Niemand lacht, wenn Männer Frauen lieben, die dreißig Jahre jünger sind. Und niemand lacht über ihre Frauen. Warum habe ich nicht besser aufgepasst? Warum habe ich diese dumme, verständnislose Zeit, in der nicht viel Gutes geschah, so achtlos verstreichen lassen? Ich hätte auf ihn warten sollen, anstatt ihm davonzuleben. Jetzt bin ich dreißig Jahre älter als er und kann nur noch Gedichte machen.

Ich klappte den bolivianischen Banditen von seiner Zigarrenkiste und kippte meine Knöpfe auf den Tisch vor die Libelle, die noch immer auf dem Papierfetzen saß, schob kugelige und platte Knöpfe zu Mustern und Zeilen, die ihm ähnlich werden sollten, seiner Stirn, seinem Gang. Vor meinem Fenster – es war offen – lärmten meine Spatzen, gurrten meine Tauben *Federlei*, *Flatter* und *Braunrock* und störten, ich beschimpfte sie, gab ihnen die Schuld, dass ich nichts Lyrisches geknöpft brachte, ich ruckelte am Tisch, ein höchst stofflicher Seancegeist, da verrutschten die Knöpfe zu dadaistischen Versen. Ich warf sie aus dem Fenster auf die Störenfriede, die flogen tschilpend davon und ließen eine üble Ausdünstung von Stille zurück, die in mein Zimmer kroch.

Ich kann hier nicht dichten.

Kein Auto, kein Bus, keine Bimmelbahn.

Kein Lachen, kein Schreien, kein Streiten.

Keine Tauben, keine Spatzen, keine Knöpfe.

Also holte ich sie mir zurück. Ich stolperte die neunzehn Stufen der Außentreppe hinunter, fiel unter dem Johannisbrotbaum auf meine schmerzenden Knie und riss mir die Knöpfe aus Gras und Unkraut. Auch Erde und die harten Blätter vom Baum trug ich zurück in mein Zimmer.

So kam er auf meinen Tisch, Skarabäus, unter ledrigen Blättern sein schwarz schillernder Rücken, zwei Daumennägel groß, drei Beine gebrochen, beide Fühler geknickt, wie lang schon tot?, sie ändern sich nicht, wenn sie sterben, Insekten. Sie schauten sich an – Facettenblicke – aus Glas die Libelle, der Käfer Chitin, unter zerrissenem Blatt, auf zerfetztem Papier, im Kreis meiner sprachlosen Knöpfe.

Die Knöpfe gehorchten mir nicht. Sie blieben bunt und stumm. Es war auch zu viel Kraut und Geziefer auf dem Tisch, Unkraut und Ungeziefer. Mit dem Ellenbogen wischte ich Erde, ledrige Blätter und den Käfer über den Rand der Tischplatte. Was denn Skarabäus! Ein Pillendreher ist er doch nur. Zu Pharaos Zeiten war er ein Gott und schob die Sonnenkugel über den Himmel.

Jetzt ist er ein Mistkäfer, ein rückwärts kriechender mit einem Dreckbollen, verlotterter Nachkomme eines ägyptischen Gottes, stinkender Usurpator königlicher Siegelringe. In den Staub mit ihm!

Ich warf ihn vom Tisch. Es wurde danach nicht besser. Ich fühlte mich beobachtet von dem stieren Blick viel zu eng stehender Augen. Sie! Wer sonst? Ich werde sie erwürgen. Mit Händen. Es ist der menschlichste aller Morde. Meine Hände lagen zuckend zwischen stummen Knöpfen.

Geschliffene, vorstehende Facettenaugen berührten sich, waren zu einem zusammengewachsen. So eng war ihr stierender Blick. Waagerecht standen durchsichtige Flügel, das dünne Glas durchädert von einem Silberdraht. Lang und dünn streckte sich der blaugrüne Hinterleib. So dürre Beine, so zart. Schön war sie, solang man sich blenden ließ von dem schimmernden Glas. Aber ich schaute ihr in die Augen, in den engen, stieren Blick: Insekt, gefährliches. Bevor das seinen wüsten Stachel aus dem Hinterleib zog, schlug ich es mit der flachen Hand zerscherbend auf den Tisch. Und hatte recht gehabt! Es verletzte. Ich zog die Splitter aus der blutenden Hand.

Dann wollte ich fliehen, wie man es tut nach jedem Mord. Etwas knackte unter meinem Fuß. Ich erschrak. Vorsichtig hob ich ihn aus dem Staub, Skarabäus, und legte den Plattgetretenen zu den Scherben. Ich riss die Tür auf und sah meine Retter: Manfred Vogel und Tasso standen unten an der Treppe.

*

Ich hatte Manfred Vogel getroffen, er war auf dem Weg zu ihr und bat mich mitzukommen. Er gehörte nämlich nicht zum Bereitschaftsdienst. Ein Journalist, ein Prolet der Sprache wurde nicht akzeptiert von dem Prinzen des Wortes. Er hatte sich freiwillig bereit erklärt, diesen Nachmittag zu übernehmen, denn sie hatte überall erzählt, sie schreibe wieder Gedichte, Liebesgedichte, und Vogel wollte versuchen, ein oder zwei davon als Erstveröffentlichung für seine Zeitung zu bekommen. Er war dann aber sehr froh, als er mich sah, denn er hatte es nicht leicht mit ihr, seit er sich ihren Zorn zugezogen hatte, als er im Februar dieses Jahres mit einem langen Artikel ihren Geburtstag würdigte. Sie stand oben auf der Treppe, streckte ihm abwehrend beide Arme entgegen und donnerte: «Ich habe nicht Geburtstag!!!»

Der Journalist nickte ergeben und sagte: «Nie wieder.»

Wir traten ein. Das Zimmer war dreckig, unordentlich, und sie wirkte verwirrt, schaute sich ständig um und an uns vorbei, ging mehrmals zur Tür, öffnete sie einen Spalt und schloss sie heftig. Dabei leckte sie an ihrer rechten Hand, die offenbar blutete.

«Haben Sie sich verletzt?», fragte Vogel.

Sie sagte hastig: «Nein, nein!»

Auf dem Tisch lagen eine Handvoll Knöpfe und ein Häuflein bunter Scherben auf einem Fetzen Papier mit Blutflecken.

«Sie haben sich verletzt», sagte Vogel.

«Nein!» schrie sie und verbarg die Hand hinter dem Rücken.

Vogel zog das Papier unter den Scherben hervor und las:

«Es gibt zwei Katastrophen in der deutschen Sprache.

Die eine ist,

dass sich Herz auf Schmerz reimt

und die andere»

Die andere Katastrophe der deutschen Sprache war abgerissen.

Zitternd streckte sie die Hand nach dem Blatt aus, die rechte, da sahen wir nun mehrere frische Wunden in der Handfläche. Sie entriss Vogel den Zettel und fing an zu toben.

«Welch eine furchtbare Sprache!» schrie sie. «So also ist dem Deutschen der Schnabel gewachsen!»

Sie taumelte, presste beide Hände aufs Herz, wir befürchteten einen Herzanfall, Vogel wollte sie stützen, wurde aber zurückgestoßen. Sie sagte, sie müsse ihr Herz nur vor dem schrecklichen Reimwort retten. Sie legte den Zettel auf den Tisch zwischen die Scherben, zeigte auf die Blutflecken und triumphierte: «Ich habe die deutsche Sprache umgebracht. Eine Heldentat.»

Für den Rest ihres Lebens, behauptete sie, werde sie nun stumm sein. – Sie riss ihre Handtasche an sich und sprang, verblüffend flink auf den Beinen, die Treppe hinunter. Wir rannten ihr nach. Bei einem kleinen Park in der Gaza Street blieb sie stehen, breitete die Arme aus, sagte: «Dort!»

«Was?», fragte Vogel.

«Der Platz», sagte sie, «der Rummelplatz. Der Platz für den Rummelplatz. Dort. Da entspringt Frieden. Fühlt ihr's?»

Aber wir fühlten nichts.

«Wissen Sie, wo Fakhri Bey Nashashibi ist», fragte sie.

Ich schüttelte schnell den Kopf und warf Vogel einen warnenden Blick zu, aber der berichtete: «Der Nashashibi kann sich bei seinem eigenen Volk nicht mehr sehen lassen. Die wollen keinen Frieden mit uns.»

«Doch!», rief sie und lief weiter. «Ich werde ihn finden.»

Wir folgten ihr und mussten rennen, sie war schnell. Den Führer der gemäßigten Araber fand sie nicht, aber als sie die Ben Maimon Street überquerte, hatte sie einen Anfall von Großzügigkeit.

«Manfred Vogel», sagte sie, «Sie bekommen zwei neue Gedichte für Ihre Zeitschrift, Liebesgedichte, sie werden entstehen, bald.»

Irgendwann war sie natürlich erschöpft. Wir auch.

«Extrem anstrengend», murmelte Vogel, «ich hatte mir das Dichterin-Hüten leichter vorgestellt.»

*

Es hat den ganzen Tag geregnet, ich konnte nicht hinaus, und dann kam auch noch Meira und wollte Gershoms Libelle holen. Sie stand an meinem Tisch, die Hände rechts und links neben den bunten Scherben.

Ich saß am äußersten Ende von mir und musste aufpassen, dass ich nicht in meinen Abgrund kippte.

Meira schaute mich an und sagte: «Böse.»

Das hat sie nicht von mir gelernt, das Wort. Wer bringt dem Kind solche Wörter bei? Natürlich bin ich böse. Man muss böse sein, heute. Sonst fällt man überall auf. Ich falle überall auf. Ich bin nicht böse genug.

Ich habe ja noch was für Gershom. Das habe ich ihr gegeben. Daran wird er mehr Freude haben als an so einem Insekt. Es war ja auch hässlich. Ich hab es gesehen. Ihr habt bloß nie genau hingeschaut. Ich hab es erwischt, als es gerade mal vergessen hat zu flimmern und zu flunkern. Da hab ich's – patsch und weg. Ich hielt Meira die Hand mit den Wunden hin. Und sie weiß nicht, was ein Skarabäus – nein, nicht ist, er ist ja eben nicht, was er ist. Oder die Sonne ist es nicht mehr. Welches ist zuerst so heruntergekommen? In Ägypten, Pharaonenland, an meinem Hals, meinem Arm, um meinen Leib, war er aus Lapislazuli, mein Halsband und mein Gürtel. Blau war er und rosa war, Meira, aus Feldspat, Rubin oder Goldtopas seine Kugel. Die schob er mit den Beinchen, lenkte Gold, rotes Gold, goldene Kugel mit den Fühlern, ja. Pharao verehrte ihn als Gott.

Aus der Erde, dunkel, brach jeden Morgen die rotgolde-
ne Kugel, und er, Skarabäus, Lapislazuli, schob sie auf
ihre Himmelsbahn. So wurde Tag. Und jetzt? Was ist
er jetzt? Skarabäus, Lapislazuli, vierflügelig aus blauem
Stein schon längst nicht mehr – ein Mistkäfer, der, ein
Pillendreher, dreht, rollt die Sonne, schiebt die Sonne,
Sonne aus Dung, Dreck, Kot, Himmelslicht, Sonnenrad, Swastika, eine Mistkugel, von dem Mistkäfer, der ...
Was, Meira, leuchtet nun in unsere Herzen?

Meira sagte: «Gershom.»

Und sonst nichts.

«Gershom.»

Ich sprang auf und lief zum Fenster. Meine Füße bau-
melten über den Boden. *Flatter* saß schief im Baum.
Federlei befiel meinen Kopf, vergraute mir die Frisur,
das kann ich nicht brauchen, ich raufte ihn mir aus den
Haaren und verwarf ihn aus dem Fenster. Tauben, nur
Tauben, gut. Keine Spatzen. Tauben glauben. Spatzen
schwatzen.

So konnte ich meine Pläne zeigen, schau, mein Kind.

Ist noch geheim. Ich mache Pläne, Meira. Nur du,
sonst keiner. Pssst. Ich muss noch viel verbessern. Erst
dann an Bürgermeister. Er soll bauen zehn Häuser für
die armen Kinder Jerusalems. *In den Häusern einen*
Raum mit Betten für die Allerärmsten. Da kann Gershom
dann auch hin. Ich weiß, er ist nicht arm, seine Eltern
sind reich. Sonst hätten sie ihm nicht so eine schöne

Glaslibelle kaufen können. Aber die ist ja kaputt. Es soll auch Badezimmer geben. *Viele Bänke, einige auf jeder der Straßen.* Ich sitze gern auf Bänken am Straßenrand. *Die kleinen Zeitungsausrufer müssen alle untersucht werden, ob sie ihre kleinen Lungen nicht gefährden.* Das Wichtigste, jetzt pass auf, Meira, das ist alles für jüdische **und** arabische Kinder. Man muss die vorbereiten. Sonst wird nichts aus dem Rummelplatz. Ich will mit den Kindern anfangen, das muss man, sonst zanken sie nur, kann ja nicht jeder auf dem schwarzen Panther sitzen im Karussell. Sonst hauen sie sich und nicht den Lukas. Es wird auch eine Lotterie geben. Ich will eine Glaslibelle setzen als Hauptgewinn. Vielleicht hat Gershom ja Glück und gewinnt sie.

«Gershom», sagte Meira, «Gershom?»

Der hat doch reiche Eltern. Die anderen Kinder, die armen, müssen zunächst in unserer Synagoge wohnen. Da ist Platz. Auch für die arabischen. *So lange noch ein Kind hungert, verzichtet Gott auf jede Synagoge.*

Ich holte den Kramkarton. Ich habe viel schönere Dinge. Mein gläserner Dackel, mein buntes Vögelchen.

Ich zog einen kleinen abgerissenen Zettel aus dem bunten Dickicht. Und da fiel es mir ein! Ich erkannte die Schrift. Das ist Karl Kraus gewesen, das war ein Kluger. Ich trug den Zettel zum Tisch und legte ihn neben den anderen mit den Blutflecken drauf. Wie die zusammenpassten!

So kam alles raus.

Es gibt zwei Katastrophen in der deutschen Sprache.

Die eine ist, dass

sich Herz auf Schmerz reimt

und die andere ist, dass

sich Krieg auf Sieg reimt.

So ist das. So ist das. Nun wissen wir immerhin, was wir zu tun haben, wohin wir die Bomben werfen müssen. Die Wörter müssen wir sprengen, die zwei, auseinanderreißen, zertrümmern, zerfetzen, dass sie sich nie wieder begegnen so nah, dann können die nicht mehr so viele Lieder singen und dann marschieren sie nicht mehr so gut, und wenn eins von den beiden Wörtern kaputtgeht bei dem Anschlag, macht nichts, wenn's nur das richtige ist, und ist ja kein Zweifel, welches. Die Deutschen reimen das auf Sieg. Pfui Teufel! Was für eine widerwärtige Sprache. Ich hasse sie! Wir werfen ihnen eine Bombe ins Sprachzentrum.

Meira entschied sich für das Vögelchen. Sie soll Gershom sagen, die Libelle ist runtergefallen, und es hat einer draufgetreten. Nicht mehr. Dass ich sie überführt habe, muss er nicht wissen, was das für eine war. Macht ihn nur traurig.

Aus den *Nächten der Tino von Bagdad* fielen ein paar gepresste Blumen.

Nein, die geb ich nicht her.

211

Ich blätterte in dem Buch, von Blume zu Blume, von Purpur zu Rosa.

Warum habe ich die wiedergefunden jetzt? Ich muss mich doch um die arabischen Kinder kümmern. Und den Rummelplatz.

Und Meira sagte: «Weinest?»

Das hat sie auch nicht von mir gelernt! Ich habe ihr beigebracht «Himbeerbonbon» und «Johannisbeer». Nicht «böse» und nicht «weinest».

Und ich weine auch nicht. Schon lange nicht mehr. Nur meine Augen tränen. Das sind sie so gewöhnt.

＊

Meira zeigte mir das Vögelchen. Wir trafen uns auf der Außentreppe.

«Du musst mit ihr reden», verlangte sie. «Nur du kannst beide Sprachen. Ich muss Gershom wenigstens erklären können, was mit seiner Libelle passiert ist.»

«Aber Gershom wird sich doch über das Vögelchen freuen», sagte ich. «Es ist schöner als die Libelle.»

Meira schüttelte den Kopf.

«Das gebe ich ihm nicht», murmelte sie, «das behalte ich. Immer!»

Und sie schloss die Hand um das bunte Tierchen, aber ihre Hand war zu klein und ging nicht ganz zu. Dann setzten wir uns auf die unterste Stufe. Wir waren glücklich, weil wir fühlten, dass wir beide denselben Menschen liebten, und es regnete die ganze Zeit.

*

Habe die Blumen wiedergefunden, die ich ihm pflückte am Hügel vor Bethlehem, ich leg einen Draht zwischen Blume und Papier und steck ihn in Röhrchen aus Ton. Das muss er dann treffen am Schießbudenstand auf meinem Rummelplatz und Frieden unter den Völkern. Das Karussell dreht Hirsche und Tiger, und die Tiger gehn vorn, keiner flieht. In der Schiffschaukel schwingen Abrahams Söhne, Isaak vor und – hei – Ismael hoch und vor und zurück und wieder und wieder und freun sich und streiten nicht mehr. Er nimmt meine Hand, die zittert, wir schaudern vor der Dame ohne Unterleib, die mögen wir nicht, wir gehen. Wir verlassen den Platz, kein Loch dort im Zaun, kein Zaun überhaupt, der Eintritt ist frei, sie lachen, sie singen, sie streiten nicht mehr, siehst du? Mein Werk! Was bleibt noch zu tun?

> *Es öffnen Blumen sich an allen Quellen*
> *Und färben sich mit deiner Augen Immortellen ...*

*

Von da an entstanden die Liebesgedichte *An Ihn*. Sie schrieb nur noch wenig in die Kladde, und das ist immer schwerer zu entziffern und manchmal noch schwerer zu verstehen.

Ich traf jetzt häufig Meira in ihrem Zimmer. Sie saßen am Tisch, die Hände in buntem Papier, die niemals verrottenden Schalen von Champagnertrüffeln und Cognacbohnen aus ihrem Kramkarton, gerettet, gehütet aus ihrer Zeit in Berlin, und Meira, die so gut «Himbeerbonbon» sagen konnte, erweiterte ihr süßes Vokabular. Dabei strich sie die Papiere glatt. Sie schnitten Rahmen daraus, kreuzten Gold und Silber zu kantigen Winkeln oder barockem Schwung. Das klebte sie in ihre Kladde, und was einmal um Nougat und Pralinen gewickelt war, rahmt nun:

＊

Wir wollen wie zwei seltene Tiere liebesruhen
Im hohen Rohre hinter dieser Welt.

＊

Ein paar Wochen lang suchte sie, was sie «Komplizen» nannte, «Komplizen für den Rummelplatz». Das machte sie mit jedem und mit jedem heimlich, im Café Atara saß sie auf wackligem Stühlchen und sagte: «Und es gibt *Wuppertaler Reibekuchen* dort!»

Butter müsse man nehmen, *nicht Öl*, aber man dürfe das Fett nicht zu heiß werden lassen, sonst stinke es, und es sei wichtig, dass es verlockend dufte dort.

Dabei saß sie gelassen auf dem kleinen, unbequemen Stühlchen des Cafés und lachte: «Was schauen Sie denn so verblüfft? Sie glauben mir nicht. Ich mach doch nichts anderes als er. Er fährt nach Ben Schemen in das Kinderdorf und übt Tänze mit arabischen Jungen und jüdischen Mädchen und umgekehrt und oh … eine Tanzfläche muss es geben auf meinem Rummelplatz, frei für jeden, Bedingung nur: gemischte Paare! Meinetwegen Männer mit Männern und Frauen mit Frauen, das ist mir egal, aber immer Jude mit Araber.»

Und wenn durch die Ben Yehuda Street eine junge jüdische Frau ging und auf der anderen Seite ein Araber, dann sahen auch wir, alle ihre Komplizen, die beiden miteinander tanzen, ein paar Wochen lang, die paar Wochen, in denen Fakhri Bey Nashashibi gesehen wurde, er ging wieder durch die Straßen, und die Juden grüßten ihn. Da war der Krieg auf einmal weit. Und wer mit ihr im Café Atara saß, glaubte an Friede, Freude, Reibekuchen.

«Wichtig ist nur», sagte sie, «dass wir vertrauen. Ich habe auch schon einen Platz für unseren Jahrmarkt. Es wird ein Eingangstor geben, aber keinen Zaun drum herum, der Eintritt muss frei sein, und über dem Eingangstor wird in großen Leuchtbuchstaben stehen: *Für Gott.*»

✳

Er hat mir ein Gedicht geschickt. Er denkt genauso wie ich. Wir müssen etwas tun. Gemeinsam. Es wird alles gut. Ich habe für Klein-Channah ein Täschchen gekauft. Das werde ich ihr schicken. Vielleicht tue ich noch eine Packung *Chokoladencigaretten* hinein. Ich rauche ja nicht mehr.

*

Es ging nicht lang gut mit Friede, Freude, Reibekuchen. Im November starb Fakhri Bey Nashashibi. Er wurde von Extremisten seines eigenen Volkes ermordet. Kaum einer wagte, zu seinem Begräbnis zu gehen.

Ungefähr zur gleichen Zeit traf sich der Großmufti von Jerusalem mit Hitler in Berlin. Er bot Truppen Freiwilliger an. Hitler versprach die völlige Ausrottung der Juden auf arabischem Gebiet.

Wenig später schickte Abraham Stern einen seiner engsten Vertrauten, Naftali Lubentchik, nach Beirut. Der sollte mit deutschen Agenten verhandeln. Sein Plan war, im Bündnis mit Italien und Deutschland Flüchtlingsschiffe nach Palästina zu schicken, um die Engländer und die Araber vollends zu entzweien und die britische Vorherrschaft im östlichen Mittelmeer zu brechen. Sterns Feinde waren die Engländer und die Araber. In Hitler sah er einen potenziellen Bündnispartner.

Die Besetzung der Schiffschaukel auf dem Rummelplatz verkomplizierte sich beträchtlich.

*

Zaun! Zaun muss sein. Hoch! Bin am Rande meines Rummelplatzes entlanggegangen und habe entschieden: Zaun. Stacheldraht! Denn welche müssen draußen bleiben. Was bringen sie für Freunde an? Gesindel! Pack! Kommen mir nicht auf den Tiger, den Panther, das Riesenrad, nie. Vergiften! Vergiften mit Reibekuchen. Oder ab ins Panoptikum. Den Mufti, den Stern gleich mit. Kuriositätenkabinett. Geisterbahn. Schießbudenfiguren. Sollen draußen bleiben, alle.

Wäre so gern mit ihm geschaukelt in der Gondel, gefahren Karussell. Aber Zaun? Hoch? Stacheldrahtverhau? Und am Eingang die Leuchtschrift: *Für Gott...?*

*

Sie hat den Plan mit dem Rummelplatz nicht wieder erwähnt. Im Sichel verkündete sie, dass sie sich aus der Politik zurückziehen werde und nur noch für ihre Kunst und ihre Liebe leben wolle.

Sie nahm, so schien es, keinen Anteil mehr an dem Schicksal ihres Volkes, sie schrieb stattdessen einen Aufsatz über das Elend der Tiere in Jerusalem, der armen geprügelten

Esel vor allem, sie versuchte, einen Vogel zu retten, den ein Blumenhändler in einem Käfig vor seinem Geschäft hielt. Sie konnte dem Vogel nicht helfen, der war ausgestopft, und den Eseln auch nicht, obwohl die echt waren.

Wenn sie nicht für Tiere kämpfte, organisierte sie ihre Vortragsreihe, die sie *Kraal* nannte. Sie lud die *Hebritindianer* in ihren *Kraal* ein, schwarze semitische Indianer, ein Brückenschlag über drei Kontinente. Martin Buber sollte reden, sie schrieb und verteilte Einladungskarten, nur noch damit war sie beschäftigt.

«‹Sie ist unglücklich›», sagte Werner Kraft, «‹sieht aber nicht im mindesten das mögliche Unglück anderer.›»

«Der Tiere», sagte ich.

«Esel und ausgestopfte Vögel, ja, und Kamele, die es hier gar nicht gibt.»

Immerhin, Manfred Vogel, der nach den beiden Liebesgedichten fragte, die sie versprochen hatte, bekam zwei abgerissene Zettel mit Versen, Liebesgedichte, ohne Zweifel.

Und sie ging nur noch in ihrer schwarzen Männerjacke aus, denn die hatte eine Innentasche direkt über ihrem Herzen und darin trug sie immer Simons letzten Brief.

✳

Ich habe sie umgebracht.

Noch weiß ich nicht, ob ich es wirklich tat oder ob es ein Traum war.

218

Wenn ich's getan hab, kann ich nie wieder wachen.

Wenn es ein Traum war, kann ich nie wieder schlafen.

Was ist besser fürs Leben?

Und – ich bin doch so alt – was ist besser fürs Tot-Sein?

＊

Manfred Vogel brachte die beiden Liebesgedichte zurück. Sie waren längst veröffentlicht.

Das mache doch nichts, sagte sie, sie seien trotzdem neu, weil sie damals, als sie diese Verse schrieb, einen ganz anderen Mann geliebt habe.

Inzwischen wussten alle, wen sie liebte.

Kaum nahm sie zur Kenntnis, dass die Deutschen Moskau nicht erreichten, es den Briten gelang, Rommel zurückzudrängen. Die zaghafte Freude in den Straßen war nichts als eine Kerze in der Sonne und die erlosch, als am 2. Dezember die *Palestine Post* erschien.

＊

Es regnet nun. Manche finden Schutz. Nicht ich.

Die Dächer haben sich für andere entschieden.

Ich aber liege zwischen Stern und Stein

＊

In Rumänien wurden Juden ermordet, viele, ein Massaker…

Werner Kraft lief im Sichel von Tisch zu Tisch und sammelte die englischsprachigen Zeitungen und *Blumenthals Neueste Nachrichten* vom 2. Dezember ein. Andere waren gründlicher und rissen das Papier in Fetzen. Kraft wollte uns alle ins Atara, ins Vienna und ins Imperial schicken, um dort dasselbe zu tun.

«Seien Sie schnell!», sagte er. «Wenn sie das liest, wird sie vollends wahnsinnig werden.»

Aber da stand sie schon in der Tür.

*

Sie haben die Caféhausstühle, die Tische und die Zeitungen hineingetragen. Auch die *Palestine Post* vom 2. Dezember. Das hätten sie nicht tun sollen. Die hätten sie dem Regen lassen sollen. Wer sonst erbarmt sich der misshandelten Buchstaben, die ich nicht vergessen darf, wenn ich auch keine Zeitungen mehr lesen will. Die Buchstaben sind aber dieselben, die auch in dem Gottesbuch stehen, das aufgeschlagen bei Salomos Hohelied auf meinem Tisch liegt. Zum Glück kann ich kein Englisch mehr. Ich habe es ganz schnell vergessen. Ich kann diese Wörter nicht entziffern, wenn sie die Buchstaben in solch eine sinnentleerte Reihenfolge bringen. Allenfalls weiß ich noch, was Rumänien ist, aber ‹foreign›? ein ‹foreign country›? Sie schreiben, die

220

Briten haben Rumänien zum ‹foreign country› erklärt. Mitglieder eines ‹foreign country› dürfen nicht nach Palästina einreisen. Juden, die aus Rumänien fliehen, sind Mitglieder eines ‹foreign country›.

Ich habe nicht die Absicht, diese Sprache jemals wieder zu verstehen, ich kenne das Wort ‹foreign› nicht. Alle Wörter, die ich kenne und die mit ‹f› anfangen, heißen ‹friend›, mein Freund. Das darf ich nicht vergessen, also an Salomo denken: «Mein Freund ist mir eine Traube von Zyperblumen in den Weingärten von Engedi.»

Ich kann doch dieses wahllose Durcheinanderwerfen von Buchstaben nicht mitmachen. Wenn einer ein Haus einreißt und die Steine ohne Plan aufeinander schichtet, so hat er kein neues Haus gebaut. Trümmerhaufen. Zungenbrechender Trümmerhaufen der Silben. Was machen sie da mit dem ‹m›? Was ist ‹murder›? Was ‹mass murder›? Alle Worte mit ‹m›, die ich kenne, heißen: ‹mother›, meine Mutter.

Was ist ‹slaughter›? Das einzige Wort mit ‹s› ist ‹soul›, meine Seele. Ich stand im Sichel, legte die Zeitung wieder auf den Tisch und zitierte: «Des nachts auf meinem Lager suchte ich, den meine Seele liebt. Ich suchte; aber ich fand ihn nicht.»

Doch ich sah: Sie gaben sich Mühe zu retten, was noch zu retten ist. Sie zerrissen die Zeitungen. Lauter kleine Fetzen auf den Tischen, auf dem Boden. Wie Schnee, der schon schmutzig war, als er vom Himmel fiel. Einige haben sie sich übers Haar gestreut. Statt Asche.

«Liebe», sagte ich und stand auf. «Liebe müssen wir schaffen. Nur Liebe kann retten. ‹Denn Liebe ist stark wie der Tod, und ihr Eifer ist fest wie die Hölle. Ihre Glut feurig und eine Flamme des Herrn, dass auch viele Wasser nicht mögen die Liebe auslöschen noch die Ströme sie ertränken.›»

Gebt acht, dass ihr alles richtig zusammensetzt. Merkt euch: Das Wort mit ‹l› heißt Liebe. Immer. Und da sah ich es und schöpfte Hoffnung: Sie nennen ihn nicht Leader, sie nennen ihn ‹the Fuehrer›. Die Briten haben eine gute Sprache, sie haben Erbarmen mit mir und der Welt, sie vergreifen sich nicht an dem Buchstaben ‹l›.

Ich fiel auf meinen Stuhl und dachte:

Ich liebe dich
und finde dich
wenn auch die Welt ganz dunkel wird.

Dann bin ich gegangen. Beim Zusammensetzen von vielen kleinen einzelnen Teilchen bin ich keine Hilfe. Ich habe meine Worte und passe auf, dass niemand sie mir verstümmelt. Das einzige Wort mit ‹h› heißt ‹Herz›. Das andere ist ein Irrtum.

Jäh tut mein sehr verwaistes Herz mir weh –

✳

222

Mitte des Monats war alles aus. Jerusalem wurde beherrscht von einer magischen Zahl, obgleich es eigentlich eine instabile Größe war, denn es wusste ja keiner, wenn er von ‹den 769› sprach, ob wirklich alle 769 auf der Struma noch lebten. Die Struma aber war ein Viehtransportschiff, und das Vieh, das sie einmal transportiert hatte, war niemals so zusammengepfercht worden wie die 769, die dem Massaker in Rumänien entkommen waren, die jeder tausend Dollar gezahlt hatten für einen Schiffsplatz, von denen es offiziell nur hundert gab, für die Ausreise in ein Land, in dem sie nicht würden landen dürfen. Bevor die Struma Konstanza verließ, hatten rumänische Beamte alle Wertsachen beschlagnahmt und den größten Teil des Reiseproviants. In Rumänien waren sie Juden, für das britische Mandat waren sie Rumänen, feindliche Ausländer, und erhielten keine Einreiseerlaubnis.

Die Struma war kaum seetüchtig. Für die kurze Strecke von Konstanza bis zum Bosporus brauchte sie mehr als vier Tage. Sie trug das siebenfache ihrer zugelassenen Fracht und kroch am Ufer des Schwarzen Meeres entlang, musste mehrmals anlegen, um Maschinenschäden notdürftig zu reparieren, bis ein türkischer Schlepper sie in den Hafen von Istanbul zog. Das war am 16. Dezember.

Es regnete. Alle standen und schauten nach Norden, schauten, wie sich die Wolken bewegten. Man sprach mehr von dem Wetter in Istanbul als von dem in

Jerusalem. Dort lag die Struma ohne Landeerlaubnis vor dem Hafen.

＊

Festhalten. Festhalten mit beiden Händen, die ja noch kräftig sind und greifen können, zugreifen und halten. Wenn ich loslasse, stürzt ...

Und in Konstanza haben welche Ringe an den Fingern. Oder ihren Frauen geschenkt? Warum schenken solche ihren Frauen Ringe? Sie können doch nicht ... lieben? ... und essen die Brote ... lassen hungern ...

... die Hälfte seien Frauen und Kinder, was ist die Hälfte von 769? 384? Oder 385? Sei gnädig, Gott, lass es 384 sein und das eine, das übrig ist, kein Kind. War nie gut im Rechnen. Muss auch nicht rechnen und nicht denken. Muss festhalten. Muss festhalten, was ich nicht in Händen hab. Darf aber nicht aufhören zu lieben jetzt, sonst stürzt ...

＊

Groß war die Seuchengefahr, natürlich. Das war schon im letzten Jahr auf den anderen Schiffen so gewesen. Es gab die Konvention von Montreux, danach konnte die türkische Regierung der Struma die Fahrt durch die Dardanellen wegen Seuchengefahr verbieten. Wenn man mit

Briten in Palästina sprach, sagten die meist: «Die Türken werden dem Schiff die Weiterfahrt verbieten. Es ist nicht unsere Entscheidung.»

Die Türken wollten das Schiff zurückschicken, aber sie befürchteten, es könne sinken im Marmarameer und die Überlebenden blieben dann in der Türkei, wie Anfang des Jahres bei der Salvador. 180 waren es gewesen. An Land gehen durften die Passagiere nicht. Sie wurden notdürftig versorgt von den Türken und einem jüdischen Hilfskomitee.

Der britische Botschafter in Istanbul wollte das Schiff nach Palästina weiterschicken. Er unterlief damit die Politik des Landes, das er zu vertreten hatte.

＊

Gibt es Haie im Mittelmeer? Sie müssen weiterfahren, einfach weiter, und wenn sie nicht landen dürfen hier, sollen sie schwimmen. Gott wird helfen. Die meisten Kinder können schwimmen, die starken Männer nehmen die Kleinsten auf den Rücken – aber das Wasser ist kalt, zu kalt – ich weiß ja wie Kinder ... wie empfindlich die Lungen ... Paul ... und es ist Winter ... wir müssen lieben, wie man nur im Sommer liebt unter hoher Sonne im Blumengras, sonst stürzt ...

＊

Die türkische Regierung nahm Kontakte auf mit allen Botschaften in Ankara. Sie wollten ein Land finden, das die ‹769› aufnahm.

Kein Land erklärte sich bereit.

✻

... das Wasser ist viel zu kalt. Ich muss die Luft erwärmen, ich muss so tief lieben, dass ich mit jedem Atemzug die Luft erwärme ...

✻

Aber dann schien sie das Schicksal der 769 Juden auf der Struma zu vergessen, denn sie fand den geeigneten Raum für ihren *Kraal*. Das Centre de Culture Française in der Ben Yehuda Street stand ihr zur Verfügung. Sie schaute den Saal mit Kurt Wilhelm an und war begeistert. Ich hatte die beiden von Weitem gesehen und wartete, bis sie herauskamen. Der Rabbi blickte mich fragend an und ich nickte. Wir ließen sie nicht mehr allein, zumindest nicht die Hauptstraßen überqueren, und auf dem Rückweg zu ihrem Zimmer in der Ha-Ma'alot musste sie über die King George Street. Es regnete gerade nicht, und der mäßige Wind war mild.

«Hoffentlich ist das in Istanbul auch so», sagte Wilhelm.

«Wo?», fragte sie.

Der Rabbi und ich wechselten einen Blick. Sie dachte an nichts als ihren *Kraal*. Wilhelm verabschiedete sich und ich ging schweigend mit ihr weiter. Dann verblüffte sie mich, als sie sagte: «Hilfe kommt aus Ami-Land.»

«Wie meinen Sie das?», fragte ich.

«Die müssen eingreifen jetzt. Wegen Pearl Harbor. Und dann geht das alles sehr schnell zu Ende. Glauben Sie mir.»

«Nicht schnell genug für die Struma», zweifelte ich.

«Aber ich will nicht, dass sie mein Wuppertal bombardieren», sagte sie. «Ich will noch einmal Schwebebahn fahren. Ich hab doch sonst nichts mehr.»

Als wir über die King George Street gingen, sahen wir auf der gegenüberliegenden Seite einen Jungen auf einem Esel. Sie erstarrte. Ich ging sofort in Lauerstellung, bereit, ihren Arm zu fassen und sie zu halten, falls sie vorwärts stürzen sollte, um dem Jungen den Stock zu entreißen. Aber der hatte keinen Stock. Das Eselchen trabte munter am Straßenrand stadtauswärts auf uns zu, und da sie sich ihm in den Weg stellte, hielt es vor ihr an. Es war von einem hellen, fast weißen Grau, auf seiner breiten Stirn wuschelten wollige Locken, es hatte zarte Glieder und kräftige Gelenke. An einem Band über dem Widerrist hing an jeder Seite ein Korb, beide waren leer. Der Junge, der vielleicht zwölf war, vielleicht jünger, saß auf dem spitzen Rücken, die Beine vorgestreckt, rechts und links über die Körbe gelegt. Mit einer Hand hielt er sich an dem Band, was aber kaum nötig schien, so sicher saß er im Gleichgewicht. Sie schaute ihm in die Augen und sagte: «Du. Du bist's.»

Er lächelte.

«Tasso», sagte sie, «fragen Sie ihn was auf Hebräisch und lassen Sie uns beten, dass er nicht antworten kann.»

Ich fragte den Jungen nach seinem Namen. Der zögerte ein wenig, legte den Kopf schief und erwiderte arabisch: «Feigen.»

Und dann: «Oliven.»

Zwei der wenigen Worte, die ich in dieser Sprache verstand. Ich übersetzte ihr und erklärte: «Er spricht arabisch.»

«Dem Ewigen sei Dank, er ist ein Araber», sagte sie, «Feigen und Oliven, Süße und Würze des Lebens bringt er nun in diese Stadt, die noch klein war, als er Jude war und starb auf den Bergen von Gilboa. Und ich habe ihn gefunden!»

Der Junge nahm die Beine von den Körben, saß nun rittlings, beugte sich vor, sein Kopf mit den schwarzen Locken verschwand ganz in dem rechten Korb. Er kam wieder empor und reichte ihr eine Feige, etwas überreif und ein wenig gequetscht, aber süß und fruchtig. Die aß sie sofort.

Himbeerbonbons und Katzenzungen hat sie verteilt an die Kinder in den Straßen und nicht selten die Hälfte ihrer Monatsrente an einem einzigen Morgen. Dieser Junge schenkte ihr eine Feige.

Sie stand am Straßenrand, leckte sich den dicken Feigensaft aus den Mundwinkeln, berührte weder den Jungen noch sein Tier. Ich spürte, es war Ehrfurcht, was sie Abstand wahren ließ. Und dann sagte sie: «Es ist Jonathan. Sehen Sie nur: die Augen. Und der weite Winkel zwischen Kinn und Hals. Wie er den Kopf trägt! Jonathan. Da ist kein Zweifel. Und er ist Araber. Wie David. Jemenite ist der jetzt. Hab ihn getroffen. Auch ihn. Wissen Sie schon? Wird gut. Wird Frieden sein.»

Sie wandte keinen Blick von dem Jungen und bat: «Schauen Sie, schauen Sie genau nach Norden. Folgen ihm Böse aus Gilboa, die ihn morden wollen, Philister und so?»

Das konnte man von hier nun wirklich nicht sehen, aber vorsichtshalber antwortete ich: «Nein, nichts Böses kommt von Norden.»

Da trat sie zurück auf den Gehweg, stand neben mir, und ich fühlte, sie war bebend glücklich.

Der Junge schnalzte, und das Eselchen trabte fröhlich davon. Wir sahen noch, wie er die Beine wieder über die Körbe schwang.

«Lassen Sie mich jetzt, Tasso», sagte sie, «ich will mit diesem Glück allein sein.»

Ich ließ sie gehen, sie hatte keine Straße mehr zu überqueren. Ich hörte sie noch halblaut murmeln: «O David David David David, wie wird er sich freuen, wie sehr.»

✳

Ich trug ihn heim: Jonathan. Kein Gilboa im Auge, süße Feigen in seinem Korb.

Auf seinem Esel ritt stadtauswärts: Jonathan. Kein Gilboa in seinem Rücken folgte ihm nach. Ich stand und schaute, sah nichts drohend von Norden, auch Tasso nicht, sah nichts – kein Tod, dreijahrtausendealter, kein Sterben, nein. So darf er, Jonathan, leben? Jetzt, hier in Jerusalem, ja?

Ich trug ihn heim zu David, dem Freund, wenn ich auch nicht ... wie soll ich wissen, wo heim ist nach den Jahren allen, zerwanderten, wo?

Eine Feige schenkte er mir, eine reife schenkte er mir wie keiner zuvor.

Nun weinen die Freunde in den Armen einander das Zimmer mir voll. Weinen die Tränen zu Ende, die sie begannen, als Jonathan blieb und David floh, und keiner weiß heute in solcher Zeit, ob Freudentränen ... Gibt es nicht! Gibt es nicht mehr! Werden alle gebraucht zum Weinen um Leid! Oder ... mag sein, sind welche wo ... Freudentränen ... und süß wie Feigen ...

Dann kamen Leute, die klopften an meine Tür, pochten Herzschlag, ein dem Körper entlaufener, geflohen vor Angst, klopften Herzschlag von außen, und ich war innen, gefangen. Gefängnis wird Schutz, wenn einer so will, ich nahm mich in Schutzhaft und sprang – der Schlüssel steckt immer, steckt innen, man kann nicht wissen, weiß nie –, es waren viele. Sie lärmten.

230

Gott, mein,

wo tu ich, wenn die Tür nicht hält,

die Freunde und wo die Tränen hin?

Die beiden stehen, selig und froh,

mit Händen sich fassend und Armen.

Von draußen schrien die Bösen, sie schrien von
Wanzen und Flöhen, von Schimmel, Gestank und von
Staub, da klapperten Eimer, viel Blech, so schlug Me-
tall auf Metall und sehr viel Lysol und Carbol. Dann
Stille. Der entsprungene Herzschlag fiel aus, Stillstand
der Angst und ein Pochen, ein zartes von Kinderhand.

«Mach auf!», rief Meira. «Lass ein. Müssen reine-
machen.»

Ich öffnete die Tür einen Spalt und sah Ungeheuer,
mehr Masken in Händen als Gesichter auf dem Hals.
Die sagten, ich müsse rausgehen, sonst würde ich sterben. Da warf ich die Tür wieder zu, schloss ab und wartete, bis sie weg waren, nur noch Meira da. Der öffnete
ich die Tür einen Kinderspalt weit, nicht mehr, nicht
für Stangen und Metall.

«Brauchen Wasser», sagte Meira mit Handschuhen.

«Wir haben Tränen», sagte ich. «Siehst du die Freunde? Sie weinen mir das ganze Zimmer voll. Damit wisch
ich den Boden. Auch in den Ecken.»

«Das darf nicht», sagte Meira. «Bringe Wasser in
Eimern und Besen.»

Da hatte sie recht. Ich öffnete die Tür blecheimerweit.

Überall haben wir Lysol und Carbol verschüttet. Es roch wie etwas Fürchterliches. Wir hatten Angst.

✳

Ich ging am Abend noch einmal bei ihr vorbei. Es schien mir sehr unwahrscheinlich, dass David und Jonathan sie über den Abgrund dieses Tages tragen würden, aber offenbar war dies den beiden gelungen, sie sprach von nichts als von den Freunden und der Freude des Wiedersehens.

«In dieser Zeit!», rief sie. «Das in dieser Zeit!»

Es war ein ungewohnter, scharfer Geruch in ihrem Zimmer, ich schnüffelte und fragte, was da so rieche. Da zitterte sie und schrie mich an, ich solle schweigen!, schweigen!, schweigen!

«Nicht Sie müssen schlafen in diesem Zimmer und meine Träume träumen, Sie nicht!»

Und sie rannte und riss alle Fenster auf. Es wurde sehr kalt.

✳

Ich lag drei Stunden auf meinem Liegestuhl, ganz reglos und ganz ruhig. Nun werde ich bald sterben können, und dann muss ich nicht mehr lieben, nicht so, nicht Ernest Apollo und nicht Giselheer. Wenn nur einer käme und das verspräche – ich würde sterben können heute noch.

*

Am 10. Januar fand der erste *Kraalabend* statt.

Martin Buber sprach. Ich war nicht eingeladen. Ein Versehen, sagte ich mir, keine Absicht, irgendjemand hat einen Fehler gemacht. Ich verbrachte den Abend allein im Atara unter Fremden, die mich störten, denn sie sprachen zu laut.

Simon, dachte ich, ist eingeladen und nicht hingegangen. Sicher hat sie ihm einen Stuhl bereitgestellt, und sie bewacht diesen Stuhl, dass niemand sich darauf setzt.

Um mich lärmten die Fremden. Sie stritten sich, obwohl sie sich einig waren. Nein! Keiner von ihnen würde den Banditen noch unterstützen, er sei ein Gangster, Erpresser und jetzt auch ein Mörder.

Ich gehe jetzt hinüber zum Centre de Culture Française, dachte ich, wie voll es auch sein mag, ein Stuhl ist frei ...

Ich versuchte, nicht zu hören, worüber die anderen sprachen. Der Versuch misslang. Und ich merkte, dass es nicht um die ‹769› auf der Struma ging.

Am Tage zuvor waren zwei Mitglieder der Stern-Gang verhaftet worden. Sie hatten eine Bank ausgeraubt und zwei jüdische Kassierer erschossen. Juden in britischem Dienst waren für sie Verräter.

*

Das Zimmer riecht immer noch nach Lysol und Carbol. Es haben welche so gründlich saubergemacht, als ob hier jemand gestorben wäre – ich war es nicht –, und nun müsste der Tod ausgetrieben werden, weil neue Mieter kommen. Ich werde es nicht sein, ich ziehe hier nie wieder ein! Das ist auch nicht nötig ...

*

Es war der 20. Januar 1942. Sie hat ihre Einträge in die Kladde selten datiert, aber diesen Tag habe ich mir gemerkt, weil etwas Folgenschweres in Tel Aviv geschah. Jetzt, dreieinhalb Jahre später, fange ich an zu begreifen, wie folgenschwer die Entscheidungen waren, die an diesem Tag in Berlin getroffen wurden.

Ich wollte sie am Morgen abholen und zum Frühstück ins Sichel begleiten. Sie saß teilnahmslos an ihrem Tisch, schob mir die offene Kladde hin. Ich las:

*

... meine Zeit ist zu Ende. Und alle anderen sind es auch.

Ich weiß so was. Ich habe auch gewusst, dass Martin Luther gestorben war, noch bevor mich die Karte erreichte, niemand glaubte mir, dann kam die Karte und sie mussten es glauben, das war sehr schlimm, jetzt ist es schlimmer.

*

Hätte ich sie fragen sollen, wen sie mit Martin Luther meinte? Ich habe es nicht getan und es wäre auch nicht sinnvoll gewesen, sie antwortete auf gar nichts und wollte auch nichts essen. Also ging ich. Wir hatten ja festgelegt, dass wir sie allein lassen würden, wenn sie es wollte. Ich eilte zum Sichel, da war Werner Kraft, aber er wusste auch nicht, wen sie Martin Luther genannt hatte. Ich blickte mich suchend um und muss etwas panisch gewirkt haben, denn Kraft fasste mich am Arm und fragte, was mich so verschreckt habe, was denn so schlimm sei mit diesem Martin Luther.

«Ich weiß nicht», sagte ich, «ich hab kein gutes Gefühl dabei. Er ist gestorben, und sie hat es wohl geahnt, und es muss sehr schlimm gewesen sein und jetzt sei es noch schlimmer, ich habe kein gutes Gefühl dabei.»

Werner Kraft versuchte zu lachen, was ihm nicht gelang.

«Ich würd ja sagen, Luther hat was mit Religion zu tun und wir fragen Martin Buber, aber der würde nur wieder ihre Visionen verspotten, also lieber nicht.»

«Der Rabbi!», rief ich und lief.

Kurt Wilhelm wohnte in der Ben Hillel Street, das war nicht weit. Kraft folgte mir. Wir trafen den Rabbi, aber er konnte uns nicht helfen. Den ganzen 20. Januar lief ich durch die Stadt, getrieben von einer Unruhe, die mir vertraut, aber nicht meine war. Sie hat mich angesteckt, dachte ich, Lachen ist ansteckend, Entsetzen auch.

Und nirgendwo traf ich sie. Das war ungewöhnlich.

Sie lief doch sonst Tag und Nacht hier herum. Ich ging noch einmal zur Ha-Ma'alot, da kniete Meira vor ihrer verschlossenen Tür. Ich verstand, sie ließ niemanden ein, nicht einmal das Kind. Meira schob glatt gestrichene Schokoladenpapiere unter der Tür durch. Auf dem Boden lagen Bonbons und Schokoladen, die sie nicht gegessen hatte, es musste der Vorrat für Monate sein. Sie blickte unglücklich und verzweifelt zu mir auf. In ihren Augen sah ich die gleiche Unruhe, die mich wie ein trockenes Herbstblatt durch die Straßen getrieben hatte.

*

Der Wolf hat Kreide gefressen. Und seine graue Pfote hat er damit geißweiß gemalt. Ich kenne ihn. Nun ruft er mich mit Meiras heller süßer Stimme, und da ich das Fenster verschlossen habe, kann er mir seine Pfote nicht hereinhängen. Aber da gewesen ist er, hat Flatter und Federlei vertrieben, die sonst immer im Mandelbaum gurren, und nun schiebt er mir Schokoladenpapiere unter der Tür in mein Zimmer, woher hat er die? Er hat Meira gefressen, meine Kleine, meine Kleinste, ich muss sie retten, ich mache jetzt die Tür auf, vielleicht lebt sie ja noch mitten im Wolf. Und wenn er mich auch verschlingt, sind dies meine letzten Zeilen, Ernest ...

*

Die Tür wurde urplötzlich weit aufgerissen. Es stand aber nicht, wie wir erwartet hatten, eine alte Frau im Rahmen, sondern ein altersloses, weil längst verstorbenes Gespenst, in das, als es Meira sah, mit einem Blitzschlag das Leben so heftig zurückkehrte, dass es jung und strahlend auflachte. Sie schloss das Kind in die Arme, Meira ließ es zu, aber sie blieb steif und das Entsetzen in ihrem Gesicht.

Am Abend dieses Tages war ich noch immer nervös und wusste noch immer nicht, wer dieser Martin Luther war.

Am nächsten Tag las ich in der Zeitung, was geschehen war. Am 20. Januar hatte eine Bombe der Lehi in der Jael Street in Tel Aviv zwei jüdische Polizisten getötet. Damit begann die Hetzjagd auf Abraham Stern und seine Terrorgruppe. Dem britischen Polizeioffizier Geoffrey Morton wurde die Aufgabe übergeben, die Stern-Gang ausfindig zu machen. Bei einer Razzia in Tel Aviv fand Morton in der Dizengoff Street 30 vier Lehi-Führer, zwei wurden sofort erschossen, zwei verhaftet. Der Jischuw unterstützte Stern nicht mehr, seine Leute hatten zu viele Juden erpresst, beraubt, getötet. Wir nahmen den Tod der beiden Lehi-Führer eher mit Erleichterung hin, und eben das irritierte mich so sehr, denn meine Unruhe blieb, hatte damit nichts zu tun. Also forschte ich weiter nach Martin Luther, und es war dann Simon, der die Antwort geben konnte.

«Trakl», sagte er. «Ich weiß es auch nur über zwei oder drei Ecken. Georg Trakl war Protestant, und weil sie seine Lyrik so hoch schätzte, hat sie auch mit dem Namen so weit nach oben gegriffen. Ja, Trakl, er war ihr Martin Luther.»

«Er hat sich umgebracht», flüsterte ich.

«November 1914, ja. Er hat diesen Krieg nicht ertragen. Er war Sanitäter, musste nach der Schlacht bei Grodek die Verwundeten versorgen und hatte keine Medikamente. Sie kennen doch sicher dieses Gedicht von ihm. Die Karte mit der Nachricht von seinem Tod war auf dem Weg zu ihr, aber bevor sie ankam, sei sie blass und anscheinend verwirrt in Berlin im Romanischen Café erschienen und habe behauptet, Trakl sei tot.»

Von Werner Kraft bekam ich eine Ausgabe von Trakls Gedichten und las *Grodek*, wieder und wieder, viele Male zu viel, und ich suchte nach einer Katastrophe, die dem gleichkam. Der Tod der Lehi-Führer war es nicht, aber es war kalt, es regnete und vor Istanbul lag noch immer die Struma und durfte nicht landen. Jede Wolke, die vom Meer über die Stadt trieb, wurde mit zweifelndem, feindseligem Blick angeschaut. Hatte sie über Istanbul geregnet? Gehörte auch sie zu denen, die Juden vernichten wollten? Erfrieren, ertränken, erschießen, erschlagen – was noch?

Eine alte Frau lief durch die Straßen Jerusalems und flatterte heftiger als vom Wind getrieben. Ohne die Leopardenfellmütze, unter der sie im Sommer geschwitzt hatte. Ohne ihren Pelzmantel, den sie versetzt hatte. Ohne Handschuhe, sie hatte keine. Ohne Schirm. Entwaffnet war sie dem Wetter ausgeliefert und hilflos war sie vor bösen Menschen, die Kälber entführten und Esel schlugen. Ohne Ohrringe. Ohne Hoffnung auf erwiderte Liebe.

Sie hatte mich mal wieder völlig vergessen. Keinen Blick durfte ich in ihre Kladde werfen und keinem von uns gelang es, mit ihr ins Gespräch zu kommen. Wenn einer sie anhielt, sagte sie:

«Es erbarmen sich auf den Gassen
Die wilden Tiere meiner.
Ihr Heulen endet in Liebesklängen.»

Wenn einer ihr erzählte: «Wissen Sie schon? Sie haben die engsten Vertrauten Sterns. Da ist nun wohl keiner mehr, der ihn aufnehmen wird und verstecken.»

Dann schaute sie wirr und gehetzt und rief: «Zu mir kommt er nicht!»

Und sie erklärte, dass sie Männer wie Stern nicht mehr lieben könne und sagte: *«Und – meine Sehnsucht will nicht enden!»*

Auch im Sichel saß sie kaum einen Augenblick still auf ihrem Stuhl. Sie sprang auf, setzte sich auf einen anderen und wieder und wieder auf einen anderen. Wenn jemand sie festhalten wollte und sagte: «Und die Armen auf der Struma. Wie eng sie stehen. So einer am andern, man denke das nur.» Dann zitterte sie. Ihr kleiner Körper wurde geschüttelt von mehr als dem Winterfrost, und sie sagte: «Einer am andern. So nah. Ein Windstoß, ein kleines Schwanken des Schiffs und sie fallen sich in die Arme. *«Ich aber greife ins Leere.»*

Als der Januar zu Ende war, begann der Februar. Kalender denken nicht mit. Sie wissen immer schon vorher, was der nächste Tag ist, und dabei bleiben sie, es ist ihnen gleichgültig, was geschieht. Rommel war wieder in Bewegung. Deutsche Truppen waren in Libyen einmarschiert.

Und eine kleine ausgewählte Gruppe Menschen hielt Karten in den Händen mit der Skizze eines Indianerkopfes im vollen Federschmuck. Er rauchte die Friedenspfeife und rief die *Hebritindianer* in den *Kraal*.

In England kämpfte ein Mann allein und vergeblich für die Flüchtlinge auf der Struma: Oliver Harvey, Staatssekretär. Es hieß, auf dem Schiff gebe es Fälle von Typhus.

Ein neues Plakat hing an Hauswänden und Mauern, darauf die Köpfe der am meisten gesuchten Lehi-Führer, hundert bis vierhundert Pfund Belohnung wurden geboten für Hinweise, die zu ihrer Ergreifung führten, aber unter dem Bild von Stern stand die Zahl 1000. Tausend Pfund lockten zum Verrat des Mannes, den man aber auf vielen der Plakate nicht mehr sehen konnte, denn darüber klebte ein Indianerkopf mit Calumet.

«Ein Racheakt», sagte sie. «Weil die nicht lieben können, aber zahlen kann ich das nicht!», und sie grinste.

Polizisten und Passanten, britische und jüdische, lösten die Zettel mit dem Pfeife rauchenden Indianerkopf von dem Steckbrief und legten das Gesicht des untergetauchten Lehi-Führers wieder frei.

Der wurde immer mal wieder in Tel Aviv gesehen, ein

abgemagertes Gespenst. Tagsüber versteckte er sich in Hinterhöfen, nachts schlich er mit seinem Klappbett, kaum größer als ein Aktenkoffer, an den Hauswänden entlang und suchte einen Winkel, der in dieser Nacht schon kontrolliert worden war.

Aber es gab außer Stern noch einen zweiten Mann, der sich in den Straßen Palästinas nicht mehr sehen lassen konnte: der Hochkommissar MacMichael, der Mann, gegen den die Lehi kämpfte, der hier aber auch verantwortlich war für den weiteren Weg der ‹769›, die mit Sicherheit keine 769 mehr waren.

Inzwischen verstärkten die Briten ihre Angriffe auf Rommel, der nicht mehr weit von Ägypten war. Wenn man Palästina verteidigen müsste, bräuchte man die Juden. Gab MacMichael darum die Erlaubnis, dass alle Kinder unter sechzehn Jahren, die sich auf der Struma befanden – und noch lebten – einreisen dürften?

Innerhalb weniger Stunden stellte die jüdische Bevölkerung Palästinas Unterkünfte für alle Kinder der Struma bereit.

✻

Muss putzen. Meira muss helfen. Es kommen Kinder. Ich nehme drei. Sie dürfen mit meinen Glastieren spielen.

✻

Während Geoffrey Morton Abraham Stern in Tel Aviv fand, in der Mizrachi B Straße 8, verweigerte die türkische Regierung den Kindern der Struma, über ihr Land nach Palästina zu reisen. Ein Schiff stellten die Briten nicht. Sie brauchten alle Schiffe für den Krieg. Die Kinder blieben auf der Struma. Eines hätte einen liegenden Dackel bekommen, eines einen Schwan und das dritte einen Schmetterling – alle aus Glas.

Zwischen tausend Pfund Belohnung und der hohen Stirn des Lehi-Führers rauchte ein Indianer die Friedenspfeife und kündigte zwei Veranstaltungen im Kraal an: Am 7. Februar sollte Werner Kraft vortragen, am 15. Februar Dr. Werber, ehemaliger Minister von Serbien. In der Zeit dazwischen starb der dichtende Revolutionär, der Extremist, der Mörder, der polnische Wildjude.

Und wurde zum Märtyrer.

*

Bin den ganzen Tag durch die Stadt gelaufen und habe ihn überklebt. Ich hüll ihn in die Rauchwolke meiner Friedenspfeife, dann macht es: Puff! und er ist weg und ist nur noch ein Rauchzeichen und das sagt:

*

Was das Rauchzeichen sagt, kann man nicht lesen. Auf den letzten Seiten der Kladde ist ihre Schrift oft kaum noch zu entziffern.

Die Umstände, die zu Sterns Tod führten, wurden niemals vollständig geklärt. Morton und seine Polizisten fanden ihn in der Mansardenwohnung eines bereits festgenommenen Lehi-Mitglieds. Kein Jude wurde Zeuge von Sterns Tod. Er war ohne Waffen und die Kugel hatte ihn von hinten getroffen. Auf der Straße schrie eine Frau: «Jews! They are killing Stern!»

Sie fanden ihn im Schrank. Morton hat niemals abgestritten, dass er selber den Führer der Lehi erschossen hat. Er sagte, Stern habe einen völlig irrwitzigen Fluchtversuch gemacht. Sie wollten ihn abführen, da habe er sich gebückt, um einen Schuhriemen zu binden, sei dabei unter dem Pistolenlauf hindurch getaucht und habe versucht, durch das offene Fenster zu springen, das auf ein Flachdach führte. Dass er nicht entkommen konnte, musste er gewusst haben. Das Haus war umstellt. Es war ja aber bekannt, dass Stern, bevor er sich festnehmen ließe, sich selbst und die Polizei in die Luft sprengen würde. Darum, sagte Morton, sei er davon ausgegangen, dass Stern außerhalb des Fensters eine Höllenmaschine versteckt hielt, mit der er das ganze Haus und alle Insassen würde vernichten können. Um solches Blutvergießen zu vermeiden, habe er geschossen.

Unklares verführt zu verklären. Den lebenden Terroristen hatte die gesamte jüdische Bevölkerung abgelehnt. Der tote Lehi, Lohamei Heirut Israel, der ‹Kämpfer für die Freiheit Israels› avancierte rasch zum Märtyrer.

Jetzt rissen andere aus anderen Gründen die Zettel mit dem Indianerkopf von seinem Porträt in den Straßen.

Bald waren alle wichtigen Mitglieder der Lehi verhaftet. Aber keinem konnten die Morde an den Juden nachgewiesen werden, weil es keine jüdischen Zeugen mehr gegen sie gab. Es stand jedoch schon auf den Besitz von Schusswaffen Todesstrafe. Man hätte sie hinrichten können. Alle wurden begnadigt. Ein Märtyrer, porträtiert an den Mauern der Städte, war den Briten gefährlich genug.

‹769› potenzielle Märtyrer – oder weniger – kamen etwas später auf ebenfalls mysteriöse Weise um.

❋

Ich schlafe in der Nacht an fremden Wänden
und wache morgens auf an fremder Wand.

In jener Nacht war die Wand aus Holz. Mein Lager war schmal. Gleich neben mir der nächste, unter mir drei, über mir zwei. Das Lager war hart und kalt. Meine Decke wärmte mich nicht. Es hat einer die Blumen gepflückt, die ich über die Löcher stickte, alle. Durch die Löcher fiel Asche. Auch die Asche war kalt.

Die Wand wurde feucht, war nicht mehr gerade wie andere Wände, an denen ich schlief, auch die fremden, war gewölbt und nicht im Lot, war nicht mehr Holz, war feucht und kalt, war einmal lebendig gewesen und war es nun nicht mehr, ein Leib, ein toter, und von Wellen bewegt im Meer.

Herr, strafst du mich so? Hab ich mich schlimmer verweigert als Jona im Wal, dass du mich fressen ließest von einem toten Fisch? Wohin noch willst du mich schicken? Ich bin ein schlechter Prophet. Und die anderen hier, die vielen? Alles schlechte Propheten. Es gibt nur noch schlechte Propheten, Herr. Es kann nur noch schlechte Propheten geben, wenn Dinge geschehen, die Propheten nicht denken können und nicht sagen.

Vor Jahren, als ich noch in Deutschland war, sollte ich lesen und konnte es nicht, denn ich sah anstelle der Menschen, die gekommen waren, um mich zu hören, nur Metzgergesellen im Saal, lauter Metzgergesellen mit Messern, *dreihundert Metzgergesellen mit Messern*, und ich sagte das auch, aber niemand glaubte mir, nicht einmal das.

Die Gesellen sind Meister geworden inzwischen. Und die Messer ...?

Da fiel die Tür von unserer Kammer zu, und so eng wir auch lagen, wir schafften's noch enger, wir drängten uns alle zusammen, drängten zur Wand dicht am Meer, dahinter wäre ein besserer Tod. Ertrunkene gab es schon immer.

Was sollen wir sagen, Gott, wenn Du uns fragst: «Woran seid ihr gestorben?» Du wirst uns nicht glauben können, Du nicht.

Ich sagte: «Kommt alle an Deck. Wir wollen laut sein! Wir wollen es schreien, solange wir selbst es noch glauben, sofort. Wir stoßen gemeinsam ins Goldene Horn. Wir holen tief Luft, alle zusammen, auch wenn das nicht Luft ist, was wir da atmen. Was immer es ist, wir blasen es ins Goldene Horn.»

Aber da war nichts Goldenes über der Stadt, nur Wolken, Regen, Niesel, kein Licht, keine Sonne, wir trieben im Marmaramagen und nirgends ein Goldenes Horn.

Dann kam ein Schiff und schleppte uns fort, kein Licht, keine Sonne und niemand wusste, wohin, wo Ost und wo West war

«Die Dardanellen!», jubelten welche.

«Der Bosporus!», schrien andere.

«Die Dardanellen!», riefen die einen. «Schaut, dort war die Sonne zuletzt und es wird Tag.»

«Der Bosporus», sagten die anderen, «ja, dort war die Sonne zuletzt, doch es wird Nacht.»

Als wir das offene Meer erreichten, war es schwarz. Aber ein schwarzes Meer in der Nacht muss nicht das Schwarze Meer sein.

Es gab immer noch welche, die hofften, dass wir nach Westen fuhren. Es ist auch leichter zu glauben, dass die

Sonne im Osten untergehe, als zu glauben, dass sie uns wirklich zurückschickten.

Dann gab es einen furchtbaren Knall, und davon wurde ich wach. Das Letzte, was ich wahrnahm, war: Das Meer, in dem ich ertrank, war süß. Für die Ägäis zu süß.

Und darum weiß ich: Sie haben es getan.

Dies schrieb ich auf noch in der Nacht.

*

Das muss in der Nacht vom 23. auf den 24. Februar gewesen sein. Am 25. Februar stand nichts davon in den Zeitungen.

Sie stolperte ins Sichel, wirrer als sonst und bleich. Sie sagte nichts, ging von Tisch zu Tisch, zu allen, die die Morgenzeitungen lasen. Jedes Mal verhielt sie im Rücken des Lesenden und ihre Augen flatterten über die Schlagzeilen. Das machte sie auch bei den hebräischen. Allmählich hörten alle auf zu lesen, legten die Zeitungen auf die Tische, manche ließen sie aufgeschlagen, einige klappten sie zu oder rollten sie um den Stock, in den sie eingeklemmt waren. Sie ging weiter, schaute von fern mit vielleicht nicht einmal weitsichtigen Augen, sie trug nie eine Brille, schaute verschreckt auf die offen daliegenden ersten Seiten, schüttelte den Kopf, zuckte die Achseln, ergriff die aufgeschlagenen Blätter ängstlich mit nahezu ausgestrecktem Arm, suchte Hilfe und Zuspruch in den Augen eines Freundes, Werner Kraft nickte ihr zu, sie hob – Mut fassend – das Blatt, las, sofern sie es lesen konnte, und ließ es sinken, niemand wusste, ob erleichtert oder enttäuscht. Zuletzt riss sie mit einem kurzen, entschlossenen Ruck an den zusammengerollten Zeitungen, die Holzstöcke klapperten über die Tische, warfen auch eine Kaffeetasse auf den Boden. Die zersprang, was sie nicht wahrzunehmen schien. Sie stand und schaute. Niemand aß, trank, las. Es war sehr still, als sie sagte: «Wir haben das Goldene Horn nicht gefunden. Sonst hättet ihr uns gehört, dann wüssten's jetzt alle. War nämlich doch der Bosporus. Soll keiner kommen und sagen, sie hätten uns wollen in die Freiheit bringen und leben lassen hier. Sind alle untergegangen, nur ich bin gerettet, weil ich schlief. Haben keinen Hellespont gesehen. Kann bezeugen, werde aussagen: Das Wasser war süß. Wird in den Zeitungen stehen, morgen.»

Alle im Café hatten verstanden, was sie da mitteilen wollte. Wenige glaubten ihren Visionen, den Untergang der Struma aber träumten damals viele. Jeden Morgen sah man welche, die mit durchaus vergleichbar lauerndem Blick den Schlagzeilen zu entkommen versuchten.

Als am nächsten Tag immer noch nichts davon zu lesen war, wurde sie zornig wie ein Erzengel mit Flammenschwert. Sie tobte durchs Sichel, riss alle Zeitungen an sich, klemmte sich die Stöcke unter die Achseln und stapelte sie auf die Unterarme.

«Erwartet nicht, dass ihr es in den Zeitungen lest!»,

schrie sie. «Es steht nicht in den Zeitungen und wird niemals darin stehen. Es geschehen Dinge, die sind so viel dunkler als Druckerschwärze. Die Buchstaben halten die Tinte nicht. Die machen die ganzen Blätter schwarz und niemand kann's mehr lesen. Die haften nicht auf Makulatur. Die versengen Papier ohne Flamme. Da ist nichts Helles mehr. Nur kalte Asche und war niemals warm.»

Erschöpft ließ sie die Arme sinken. Zeitungen fielen und zerrissen. Dabei schlug sich eine auf, eine hebräische, und ihr Blick fiel auf einen schwarz umrandeten Kasten wie eine Todesanzeige, aber es war keine.

«Da!», rief sie. «Nicht in den Schlagzeilen, nicht einmal das. Einer, der's lesen kann! Komm!»

Kurt Wilhelm war da. Er las: «‹Ach, wie entsetzen sich die Inseln über deinen Fall! Ja, die Inseln im Meer erschrecken über deinen Untergang.›»

Alle im Café waren ratlos und in höchstem Maß beunruhigt.

«Hesekiel», sagte Wilhelm.

Inzwischen wühlten einige in der *Palestine Post*, fanden einen genauso schwarz umrandeten Spruch, und einer las: «‹Die Toten ängsten sich tief unter dem Wasser und denen, die darin wohnen.›»

«Hiob», sagte der Rabbi, «versteht einer ...»

«‹Es werden auch die Kinder über dich wehklagen›», wurde er unterbrochen. «‹Ach! wer ist jemals auf dem Meer so still geworden wie du?›»

Es fanden sich noch weitere schwarz umrandete Bibelworte über Katastrophen auf dem Meer.

Am nächsten Tag war es erwiesen, stand es offen in den Zeitungen: Ein türkischer Schlepper hatte die Struma zurück ins Schwarze Meer gezogen und fünf Kilometer hinter dem Bosporus verlassen. Mit defekten Maschinen kämpfte sich das kleine Schiff in Richtung Konstanza, kam aber kaum eine Meile weiter. Es explodierte. Es wurde nicht geklärt, was geschehen war, ob eine Bombe an Bord war oder ob es torpediert wurde. Die türkischen Rettungsboote waren nah, zogen aber nur einen jungen Mann lebend aus dem Wasser. Man sprach von ungefähr siebenhundert Toten. Das mag richtig sein. Die anderen waren vorher gestorben.

Zwei Tage lang sperrte das Britische Mandat die Nachricht für alle Zeitungen in Palästina. Da hatte aber mitten in der Nacht ein Radiosender der BBC das Geschehen bereits mitgeteilt, und einige wenige Juden hatten es gehört. Veröffentlichen durften sie es nicht, darum ließen sie die Todesanzeigen mit den Bibelworten drucken.

Am 26. Februar sah man mehr als eine alte Frau mit irrem Blick durch die Straßen torkeln. Was konnte man auch anderes tun als seine Kleider zerreißen? Immer häufiger blieben welche vor Sterns vom Regen durchnässtem Steckbrief stehen und grüßten den ermordeten Freiheitskämpfer.

Wir alle folgten der kleinen flinken Gestalt durch die

Straßen Jerusalems. Als sie hörte, dass eine junge Frau namens Medea das Schiff kurz vor dem Untergang hatte verlassen dürfen, weil sie eine Fehlgeburt erlitten hatte, dass ihrem Mann aber nicht erlaubt wurde, mit ihr zu gehen, da steigerten sich ihr Zorn und das Gefühl der Ohnmacht so, dass sie nicht mehr zu beruhigen und zu halten war. Sie wollte auf den Davidsturm und ihre Botschaft in die Stadt schreien. Sie sprang in einen Omnibus und fuhr zur Altstadt, stieg auf die Zitadelle und schrie von den Zinnen: «Ihr Töchter Jerusalems, weigert euch, eure Kinder zu gebären! Medea, hört ihr, ist die einzig Gerettete. Medea soll euch ein Beispiel sein. Ihr Töchter Jerusalems, erschlagt eure Söhne und Töchter, wenn ihr sie denn schon geboren habt! Nur nicht aus Zorn und aus Eifersucht nicht. Erschlagt sie aus Liebe. Seid barmherzig, schenkt ihnen den besseren Tod. Es ist kein gutes Sterben mehr in dieser Welt.»

Wir waren ihr gefolgt, aber sie hörte uns nicht zu, wir standen um sie herum, gaben gute, beruhigende Worte, aber nichts drang zu ihr durch.

«Und ich weiß noch mehr», flüsterte sie immer wieder, «wenn das …nicht hier … aber da …»

Werner Kraft fand schließlich das erlösende Wort: «Prinz», sagte er, «der junge Mann, der gerettet wurde, heißt David. David. Das ist wirklich wahr.»

Wir brachten sie in ihr Zimmer. Wir trugen sie fast.

Nach ein paar herausgerissenen Seiten steht Wochen später wieder ein Eintrag in ihrer Kladde:

*

Meira hat gesagt, er kommt. Da haben wir das Zimmer geputzt. Sie hat mir geholfen. Wir haben Lappen an unsere Füße gebunden und Wasser verschüttet. Dann sind wir Schlittschuh gelaufen. Es war ein Fest. Nun ist alles blank.

Aber Meira hat gesagt, am Hinterkopf sind meine Haare grau. Ich habe daran gerissen, ausgerissen und ins Licht gehalten: grau! Das ist, weil diese Frau mich geschlagen hat, auf den Hinterkopf geschlagen hat, mit einem Besen. Das hat die Pigmente zerstört, und da sind nun die Haare grau. Ich habe nicht zurückgeschlagen, weil sie Meiras Mutter ist. Ich kann aber nicht, wenn er kommt, dann die ganze Zeit im Zimmer mit einem Hut sitzen. Meira soll mir dort die Haare färben. Mit Henna.

Und mein Gesicht wollte ich neu schminken. Zum ersten Mal bereue ich, dass ich alle Spiegel weggeworfen habe. Ich machte Wasser heiß und goss es in eine Schale auf meinem Tisch. Ich legte mein Gesicht hinein, bis ich fast darin ertrank. Dann waren bunte Schlieren in dem Wasser, Pigmente und Farbtupfer, Rouge, Antimon und Lapislazuli. Ich wagte es, still zu warten, bis die Oberfläche sich beruhigte und ich mich ahnen konnte im Wasserspiegel. Da musste ich lachen über mich, so schlecht war ich geschminkt. Ich verrührte das Wasser mit meinem Spiegelbild zu einem bunten Wirbel. So wurde es mir ähnlicher. Mit meinem Gesicht habe ich nicht mehr viele Gemeinsamkeiten, das ist ein Stück Stoff, das mal so und mal so um die Augen drapiert ist, im vorigen Jahrhundert anders gerafft und gesteckt als in diesem, aber doch nur Kostüm, nur ein bisschen Textil um die Augen gewickelt, ich sollt es mal bügeln, ja.

Ist eine Farce die Zeit, kann nicht kalt machen, nicht mich, müsste längst ausgebrannt sein, meine Liebe, diese und alle davor. Aber was geschieht? Die Jahre saugen mir Saft aus der Haut, fressen mir Fett von den Schenkeln, Schmarotzer! Und meine Seele und meine Sehnsucht lassen sie, wie sie immer waren – was für ein fahrlässiger Umgang mit Vergänglichkeit! Wäre vernünftiger gewesen, mir das andre zu lassen, meinen jungen schönen Körper zu lassen, dafür meine Sehnsucht abnagen, abfressen, ausschlürfen – weg.

∗

Ich traf Simon in der Uni.

«Nun», sprach er mich an, «haben Sie Trakls letzte Gedichte gelesen?»

Ich nickte: «Ja, leider.»

Simon schaute an mir vorbei, die Treppe hinauf.

253

«Der Teufel, der seinen Namenspatron Martin Luther plagte, konnte mit einem Tintenfass vertrieben werden», sagte er leise. «Trakl traf auf einen schlimmeren.»

«Ja, ich lese lieber die Gedichte von …», ich zögerte, «von unserem Prinzen, alte und neue.»

«Bitte nicht die ganz neuen», seufzte er und lächelte still und traurig an mir vorbei. «Ich war gestern bei ihr. Ich musste das mal tun.»

Und er erzählte: «Als ich die Außentreppe in der Ha-Ma'alot hinaufging, erschien Frau Weidenfeld. Sie zog ihre Tochter am Arm nach draußen.‹Ich spiele nie wieder mit dir!›, schrie die, und zwar deutsch. Sie weinte, boxte sich frei und schaute traurig dem hennaroten Hinterkopf nach, der gerade im Zimmer verschwand.

Kein Zweifel, das Kind liebt diese Frau.»

«Natürlich», sagte ich, «wer nicht?»

Er zuckte die Achseln und sprach weiter: «Und dann hat Frau Weidenfeld zu mir gesagt: ‹Warum nehmen sie nicht die Frau zu sich? Jeden Tag würden Sie ein Lied kriegen, und Sie sind der große Mann.›

Ich war völlig verblüfft. Wie soll ich damit umgehen?

Ich bin also sehr zögernd in das Zimmer gegangen. Das war sauber, gelüftet und roch gut. Sie war ganz ruhig, rannte nicht hektisch hin und her, wie wir es von ihr gewohnt sind. Sie stand nur da und schaute mich an. Dann bot sie mir den Lehnstuhl an und setzte sich selber auf das kleine Klappstühlchen.»

Natürlich, dachte ich, er darf auf Davids Königsthron sitzen.

«Das war mir unangenehm», fuhr Simon fort, «aber ich hätte sie nicht glücklich gemacht, wenn ich darauf bestanden hätte, dass sie wegen ihres Alters doch besser in dem bequemen Stuhl Platz nehmen möge. Wir haben uns ohne jede Aufgeregtheit unterhalten, wobei sie nicht viel sagte, nur auf ihrem Klappstühlchen saß und glücklich war. Sie hatte die Hände in den Schoß gelegt und bewegte sich nicht. Ich habe ihr von dem Stipendienfond für arabische Studenten an der Hebräischen Universität erzählt, den wir einrichten wollen. Sie hat sehr interessiert zugehört, völlig vernünftig, gar nicht aufdringlich, nur … wie soll ich nur damit umgehen …»

In ihrer Kladde las ich am nächsten Tag nichts als:

✳

Die Welt ist taub,
Die Welt ist blind

Und auch die Wolke
Und das Laub –
– Nur wir, der goldene Staub
Aus dem wir zwei bereitet:
– Sind!

✳

Das ganze Land hasste.

Am Zaun vor der britischen Mandatsverwaltung hing eine Bombenattrappe. Goeffrey Morton, der Stern erschossen hatte, ging nur in Begleitung von drei Scharfschützen aus dem Haus.

Flugblätter wurden in den Straßen verteilt, in Englisch und Hebräisch, sie forderten die Briten auf, das Mandat Palästinas niederzulegen und Amerika zu übertragen.

Eines der Flugblätter trat in unmittelbare Konkurrenz zu den Plakaten mit Sterns Porträt an den Mauern: ein fiktiver Steckbrief. Unter einem Foto von MacMichael stand:

MURDER!
SIR HAROLD MAC MICHAEL
Known as High Commissionar for Palestine
WANTED for MURDER
OF 800 REFUGEES DROWNED IN THE
BLACK SEA ON THE BOAT „STRUMA"

Man sah diesen Steckbrief über oder neben den echten von Stern geklebt. An einigen Wänden mitten in Jerusalem trennte eine Friedenspfeife die Feinde und rief die *Hebritindianer in den Kraal*, um Gedichte zu hören und Geschichten von dem *Wunderrabbiner* und von Freundschaft und von Liebe. Menschen blieben davor stehen und schauten auf das Zwischenblatt mit einem weichen Blick,

256

mit dem man damals nicht einmal mehr Kinder ansah. Manche lösten das Blatt aus der Umklammerung mörderischer Steckbriefe mit einer Behutsamkeit in den Fingern, mit der sich damals nicht einmal mehr Freunde die Hand gaben. So standen sie eine Weile, ratlose Löcher im Hass, aber dann gingen sie weiter, tauchten unter in Ohnmacht und Wut.

Die ganze Stadt hasste.

Zwischen der King George Street und Dr. Tichos indischem Garten pendelte eine stille, meist schwarz gekleidete Gestalt, die, wenn auch nicht mehr bunt und nicht mehr laut, mehr denn je auffiel. Man blieb stehen, drehte sich um, schaute ihr nach und dachte: Da geht die Frau, die liebt.

Miron Sima, der Zeichner, berichtete, er habe sie an einem milden Vorfrühlingstag in dem kleinen öffentlichen Garten in der Gaza Street getroffen. Sie saß auf einer Bank und bemerkte ihn nicht. Sie fütterte Tauben und Spatzen. In beiden Händen hielt sie Brotkanten und schnippte die Krumen zwischen Daumen und Zeigefinger mit kleinen, flinken Bewegungen in die Luft. Ein halber Brotlaib lag in ihrem Schoß. In ihren Mundwinkeln hingen Krümel. Er sah, wie hin und wieder ihr Kopf in raschem Zupacken vorschnellte und sie mit den Zähnen zu sehr verhärtetes Brot in der einen oder der anderen Hand kurz zurechtbiss. So schnell und geschickt, als sei es eine angeborene, instinkthafte Fähigkeit, ein in den Genen verhaftetes Können, so pocht ein Specht an seinen Baum, so knackt ein Eichhorn seine Nuss, trifft ein Reiher seinen Fisch. Sima blieb im Hintergrund, traute sich keinen Schritt näher heran, er war ausgeschlossen, da war keine Verwandtschaft zwischen der Spezies Mensch und jenem Wesen, das Teil eines Vogelschwarms war. Die Vögel fielen auf sie nieder und brachen aus ihrem Körper wie Strahlen aus einem Stern. Und dann geschah etwas. Er stand und starrte, und vor seinen Augen wurde sie wieder zum Menschen.

Sie sprach.

Erst brummelte sie nur leise. Dann wurde ihre Artikulation klarer, entschied sich aber nicht für ihre einzige Sprache, die deutsche. Sie sprach in ihrer erfundenen Sprache, jenem *mystischen asiatisch,* das Menschen und Tiere verstehen. Es war die Sprache zwischen den Wesen.

Da nahmen die Vögel eine Gestalt an, flogen eine Kuppel um sie herum. Unter dem Maßwerk der Spatzen, im Kreuzrippengewölbe der Tauben lehnte sie sich zurück, entspannte den Körper, ihr starr das Brot fixierender Habichtsblick wurde weich, das instinkthafte Schnippen der Finger wurde ein Spiel, ein Schauspiel, verschnörkelte Gesten barockisierten die gefiederte Kathedrale. Leise, beruhigend, beschwichtigend klang ihre Stimme in der Sprache, die niemandes, keines Menschen und keines Tieres Fremdsprache war. Plötzlich lachte sie laut, fröhlich, hell und warf den Schlussstein aus dem Gewölbe, zersprengte die Bögen zu einem wilden Kreuzrippengelächter, dann fanden sich Flügel und Körper wieder, nichts stürzte ein.

Sima, der Zeichner, der Maler, hörte mit den Augen und verstand. Er sah die Vögel als ‹Wortgebilde …, die zu silbrigen, weißen, grauen, braunen, schwarzen und sonstigen Farbklängen geworden, die um sie eine bewegliche, schwingende, durchbrochene Kuppel oder Aureole bildeten.›

Später sagte er, er habe in diesem Augenblick begriffen, dass sie gar nicht skurril und anders als die anderen sei, sondern dass sie etwas Urmenschliches, Urnatürliches in ihrem Wesen habe.

Scharf zerriss ihn die Erkenntnis, dass er das nicht würde zeichnen können. Es nahm aber dieses Wissen nichts von dem Glücksgefühl fort, mit dem er langsam, rückwärts gehend den Garten verließ.

In ihrer Kladde stehen, nicht mehr in Gold- und Silberpapier, sondern in einem Rahmen krakeliger Zeichen, wie Vogelspuren auf Papier, die letzten lesbaren Zeilen:

＊

Auf einmal mußte ich singen –
Und wußte nicht warum?
– Doch abends weinte ich bitterlich

＊

David Stoliar und Medea Salmovici, die einzigen Überlebenden der Struma, erhielten aufgrund eines einmaligen Gnadenaktes die Aufenthaltsgenehmigung für Palästina. An dem Tag, als sie in Haifa ankamen, vertieften sich die Zeichen von Hass und Ohnmacht auch auf den Gesichtern in Jerusalem. Der Jischuw empfand diesen Gnadenakt als schlimmsten Sarkasmus. Nur eines hätte man als noch übler empfunden: Wenn man den beiden die Einreiseerlaubnis verweigert hätte. Es gab Versicherungen vom Kolonialministerium in London und vom Hohen Kommissariat hier, dass eine Katastrophe wie die der Struma sich nicht wiederholen würde, dass man von nun an mit Flüchtlingsschiffen anders umgehen werde. Die Juden in Palästina brachten dieser Aussage nicht viel Vertrauen entgegen. Tatsächlich wurden die Briten auf übelste Weise von der Erfüllung ihrer Versprechen befreit: Es kamen keine Flüchtlingsschiffe mehr.

Allmählich verwitterten die beiden Steckbriefe an den Mauern. Die Gesichter von MacMichael und Stern zerrissen. Der Frühlingswind trieb die Fetzen durch die Straßen. Manchmal liefen spielende Hunde ihnen nach. Die meisten Juden, die sie in den Straßenstaub traten, versuchten darauf zu achten, wer ihnen unter die Füße geraten war, und schonten Stern. Wenn sie auf das Wort ‹murder› traten, war es schwierig, die richtige Entscheidung zu treffen. So verschwanden beide. Der Hochkommissar war wieder unsichtbar der Machthaber im Government House, der

Lehi, der ‹Kämpfer für die Freiheit Israels› war, da er tot war, überall anwesend wie nie zuvor. Im Untergrund sammelten sich seine versprengten Anhänger und wurden wieder tätig.

Rommel hatte Ägypten erreicht. Die Deutschen standen in Rostow. Die Japaner eroberten Birma. Eine alte Frau schrieb Liebesgedichte. Gelegentlich kamen Nachrichten aus Deutschland über das, was man dort nun mit den Juden tat. Jede neue war schlimmer als die vorherige. Über die jeweils neuen konnten die Juden hier nicht reden. Wir sprachen immer nur über die vor-vorletzte, allenfalls die vorletzte. Die neuen konnten wir nicht glauben. Wir waren mit dem Glauben-Können immer ein paar Nachrichten im Rückstand.

Prinz Jussuf jedoch pflückte Gedichte von den Bäumen. So nannte sie das. Es war nicht mehr schwer nun für sie. Alles war da, sie konnte ernten. Sie umkreiste den Geliebten nicht mehr mit unsicheren Worten. Da war Vertrautheit zwischen ihm und ihrem Text. So erfüllte sich ihre Liebe.

Im März hatte ich noch einmal eine sehr nahe Begegnung mit ihr, die einseitig blieb, ich sah sie, wurde aber nicht gesehen. Sie näherte sich einem Schuhputzerstand. Es war gewiss einer der armseligsten in Jerusalem, abseits vom Zentrum in der Ben Hillel Street. Der Junge war ein mageres Kerlchen. Auf einem niedrigen Podest, sodass er sich beim Putzen tief bücken musste, stand sein halb verfallener Korbsessel. Damit hatte er kaum eine Chance, etwas anderes als Kinderschuhe zu putzen, denn viel mehr als ein Kind schien der Stuhl nicht tragen können.

Sie kam aus der Ben Yehuda Street, vielleicht wollte sie zum Rabbi Wilhelm. Ich stand weiter unten in der Ben Hillel und sah zu ihr hinauf. Sie blieb vor dem Jungen stehen. Dann schaute sie auf ihre Schuhe, nickte und nahm den Mantel von den Schultern, legte ihn vorsichtig über die Rückenlehne des Stuhles, behielt dabei einen Ärmel in der Hand, hielt sich selbst an der Hand, stand sich zögernd gegenüber, das Korbgeflecht unter ihrem Mantel war genauso gebrechlich wie ihre sich auflösenden Knochen in dem schwarzen Hemd und der Männerhose, die ihr viel zu weit war. Ich streckte eine Hand aus, um sie zu stützen, ein Reflex, ich war mehr als zehn Meter von ihr entfernt, aber ich wollte sie halten, behutsam berühren, ohne ihr weh zu tun. Da wandte sie den Kopf und schaute, ohne mich wahrzunehmen, in meine Richtung, ich sah ihre Augen, obwohl ich so fern war, sah ich diese Augen, weil ich sie gar zu gut kannte, meine ausgestreckte Hand streichelte die leere Luft und zitterte, streichelte über einen Körper, den sie nicht mehr hatte, vielleicht nie gehabt hat, das wusste ich nicht, es war auch nicht mehr wichtig. Sie setzte sich langsam, von außen wie von innen getragen von einem fragilen Skelett, zum Glück wog sie nicht viel. Sie stellte die Füße auf den Kasten, und der Junge zuckte zusammen, als er ihre Schuhe sah. Wahrscheinlich bangte er um seinen Stuhl. Wenn zu diesen Füßen ein gleichwertiger Körper gehörte, musste er für sein Korbstühlchen das Schlimmste befürchten. Dann schaute er zu ihr auf und lachte. Was für ein Glücksfall! Gewiss hatte er nicht zu hoffen gewagt, jemals solch große Schuhe putzen zu dürfen. Auch waren ihre Schuhe so billig wie die Schuhcreme, die er benutzte. Alles passte zusammen. Er wischte den Straßenstaub fort.

Ich ging die Ben Hillel hinauf, bis ich den beiden sehr nah war. Sie bemerkte mich nicht. Sie beugte sich etwas vor und fing an zu erzählen, in ihrer eigenen Sprache, es war vielleicht dieselbe, in der sie mit den Vögeln sprach, die keines Wesens und also auch keines Menschen Fremdsprache war. Sie artikulierte sehr deutlich, sehr sorgfältig akzentuierend, wie in einer Lesung. Der Junge schaute zu ihr auf, legte den Kopf schief, lauschte, folgte ihrer Rede aufmerksam, begierig zu hören, wie es weiterging in dieser offenbar spannenden Geschichte, manchmal musste er grinsen und plötzlich lachten beide gleichzeitig los. Wahrscheinlich hatte sie einen Witz erzählt, von dessen Pointe sie so überrascht war wie er.

Dann fing sie an, in ihren Hosentaschen zu kramen und in den Manteltaschen. Sie drehte sich halb um, das Stühlchen ächzte, und sie fasste seufzend nach dem rechten Schultergelenk. In einer Manteltasche fand sie eine Tüte mit Bonbons, Himbeer, da bin ich sicher. Die bot sie ihm an. Er griff hastig zu. Da aber an den Bonbons so viel schwarze

Schuhcreme hängen blieb wie rot gefärbter Zucker an ihren Schuhen, zog sie es vor, ihn zu füttern und ihm die süßen Klumpen gleich in den Mund zu schieben, während er, in jeder Hand ein Lappenende, ihre Schuhspitzen blank wienerte. Der rechte Schuh glänzte, da wurde er unruhig. Er hörte ihr nicht mehr zu, schaute links an ihr vorbei auf einen Mann, der ihm nicht nur deshalb ähnlich sah, weil er ebenfalls mager war, und der einen Blechnapf mit Deckel in der Hand hielt. An seinem Agal erkannte ich ihn als Palästinenser. Sie nickte dem Mann zu, winkte ihn zu sich heran, er zögerte, offenbar kam es selten vor, dass sein Sohn einen Kunden hatte. Sie beugte sich tief, löste dem Jungen die Finger von Lappen und Bürsten, stand auf, nahm dem Vater das Geschirr aus der Hand.

«Ist ja heiß», sagte sie auf Deutsch. «Muss er gleich essen. Sofort.»

Sie nötigte den Jungen, sich auf seinen Kasten zu setzen und zu essen, setzte sich selber wieder in den Korbstuhl, zog den noch schmutzigen Schuh aus und putzte ihn, aber sie brachte nicht diesen Glanz auf das Leder. Wie viel Schuhcreme sie auf ihre Hose schmierte, konnte man nicht sehen, da beides schwarz war.

Der Junge aß. Sie stand auf, sammelte die Dosen und Bürsten ein, legte die Lappen zusammen, da fiel ihr Blick auf seine schmutzigen Schuhe.

«Das», sagte sie, «darf nicht sein. Es verdirbt dir das Geschäft.»

So kam es, dass sie in einem Winkel unterhalb der Ben Yehuda Street auf dem Boden kniete und einem kleinen Jungen die Schuhe putzte. Sie sprach nicht mehr. Er aß nicht mehr. Alle ihre Handgriffe waren zu groß. Sie tunkte den Lappen, gewickelt um den rechten Zeigefinger, mit weiter Geste in billige Schuhcreme wie weißes sauberes Leinen in klares Wasser. Zuletzt nahm sie seinen größten, besten Lappen und tupfte ihm verschmierte schwarze Batzen von den Schuhen. Es sah aus, als trockne sie gewaschene Füße.

Dann stand sie auf und ging. Sie vergaß zu zahlen. Er forderte nicht.

Ich schaute ihr nach. Sie ging ganz leicht mit einem matten und einem glänzenden Schuh. Sie hatte den Mantel nicht wieder angezogen, sondern über den rechten Arm geworfen. In ihren Hüften war ein tanzender Schwung.

Ich wartete, bis sie in der Ben Yehuda Street verschwunden war, und ließ mir dann von dem Jungen die Schuhe putzen. Stehend. Ich zahlte für drei und sagte: «Weil drei Paar Schuhe geputzt wurden.»

Anfang Mai fuhr Geoffrey Morton von seinem Haus in Sarona nach Jaffa. Eine Landmine der Lehi wurde zu früh gezündet und die Insassen des Wagens nur leicht verletzt.

Weitere Landminen, die Mitglieder der Lehi auf dem Berg Zion vorbereitet hatten, wurden dadurch überflüssig. Dort wäre Morton begraben worden. Abraham Sterns Erben hatten auf hohe britische Beamte bei seiner Beerdigung gehofft, die nun ausfiel.

Inzwischen drehte man sich nicht mehr nur nach ihr um. Auch wenn Simon durch die Straßen ging, blieben die Leute stehen und schauten ihm nach. Es gab aber kein Getuschel mehr hinter seinem Rücken und kein Grinsen. Wer ihm nachblickte, dachte: Da geht der Mann, der geliebt wird.

Ich erinnere mich, dass ich in Simons Gegenwart noch lange etwas empfand, das keine Eifersucht war, eher eine Sehnsucht.

Sie hat noch einige Seiten dieser letzten Kladde beschrieben, aber ihre Schrift ist vollkommen unleserlich.

1943 erschienen die Gedichte *An Ihn* als Teil des Bandes: *Mein blaues Klavier* in einer Auflage von 300 Exemplaren in Jerusalem.

Sie lebte danach noch eineinhalb Jahre und sagte: «*Mit mir geht's zu Ende. Ich kann nicht mehr lieben.*»

Man sah sie an die Mauern gelehnt, an Pfeiler und Laternenpfähle, mit nur einem Ohrring oder zwei verschiedenen. Sie schaute den Leuten nach und winkte den Kindern zu.

Sehr geehrte Frau Lasker-Schüler ...

... würde ich einen Brief an sie beginnen, wenn ich ihr denn einen schreiben könnte. Vielleicht auch mit «Sehr verehrte ...» oder «Gewerett ...» oder «Geschätzter Prinz ...», auf keinen Fall mit «Liebe Else ...». In den nun zwanzig Jahren, in denen ich mich mal mehr, mal weniger intensiv mit ihr beschäftigt habe, sind wir nicht auf das ‹Du› gekommen. Wir sind einander wesensfremd und werden es bleiben. Vielleicht verstehen wir uns darum so gut. Ich suche nicht das Ähnliche, sondern das Fremde. Tat sie das nicht auch?

So ist dieses Buch der Versuch einer Annäherung, nicht einer Anverwandlung. Ich habe weitergedacht, weiterempfunden, weitergeschrieben, was sie vorgegeben hat.

Bei Romanen wie diesen stellt sich stets die Frage: Was war vorgegeben? Und was ist Fiktion? Eben diese Frage muss man aber schon beim Lesen von Lasker-Schülers eigenen Lebensbeschreibungen stellen: Wie viel davon ist Fiktion?

Ist das wichtig? «Sind Ihre Bücher autobiografisch?» wurde auch Aglaja Veteranji gefragt (die viel zu früh Verstorbene, die eine Art Lasker-Schüler dieses Jahrhunderts hätte werden können, hat ihr denn niemand ein Bonbon gegeben?, *für ein Bonbon lebe ich weiter,* hat Lasker-Schüler gesagt). Aglaja Veteranji hat geantwortet: «Auch die Phantasie ist autobiografisch.»

Dennoch will ich gern einen Hinweis geben und an einem Beispiel offenlegen, wie ich Vorgaben und Fiktion mische: In ihrer Streitschrift Ich räume auf erzählt Lasker-Schüler, wie sie als Kind mit Knöpfen gespielt hat. Da kann, wer es denn wissen will, nachlesen, was sie selber berichtet. Das Übrige habe ich weitergedacht, immer darauf achtend, dass ich sie weiterdenke und nicht mich, dass ich mich nicht einmische.

Christa Ludwig

Danksagung

Ohne helfende Mitdenker hätte dieses Buch nicht entstehen können. Ich danke der Else-Lasker-Schüler-Gesellschaft in Wuppertal und ganz besonders dem 1. Vorsitzenden Hajo Jahn für die Vermittlung vieler Informationen und Begegnungen. Ebenso Henry Schneider, dem Archivar des Lasker-Schüler-Archivs in Wuppertal für seine Führung durch das Archiv und seine Unterstützung meiner Arbeit darin und danach. Desgleichen traf ich im Archiv in Jerusalem auf hilfsbereite Fachkundige. Peter Renz, Schriftsteller und freier Lektor, las das Skript in einem frühen Stadium, er gab die entscheidende Anregung für die jetzige Form, vor allem für die Person des Tasso. Die Journalistin und Autorin Anne Overlack, der das Skript auf Umwegen in die Hände fiel, überraschte mich mit einer spontanen Besprechung, in der ich mich in allen Details verstanden fand. Beglückend war, dass ich die endgültige Fassung mit der Lektorin Evelies Schmidt erstellen durfte. Der last-not-Dank gilt Meira Bein, Tochter der Vermieterin von Lasker-Schülers letztem Wohnort, ich traf sie in Jerusalem und sie berichtete kostbarste Details.

Und natürlich danke ich auch den vielen, die das Skript lasen und mir Rat und Kraft für die weitere Arbeit daran gaben.

Personenverzeichnis

Die Eine:

Else Lasker-Schüler, 1869–1945, geboren in Elberfeld (Wuppertal), Gottfried Benn nannte sie: «Die größte Lyrikerin, die Deutschland je hatte.»
Sie war das sechste Kind einer wohlhabenden, assimilierten jüdischen Familie.
1882 starb ihr Bruder Paul, 1890 ihre Mutter;
1894 heiratete sie den Arzt Bertold Lasker und zog nach Berlin;
1899 Geburt ihres Sohnes Paul, dessen Vater sie mal einen spanischen Prinzen, mal einen schönen Griechenknaben nannte; ab jetzt erschienen Ihre Gedichte in Zeitschriften, bald auch in Einzelausgaben, sowie die Prosaschriften und Dramen.
1903 ließ sie sich von Lasker scheiden und heiratete den Musiker und Kulturmanager Herwarth Walden (1878–1941). Seitdem lebte sie mit gefälschtem Ausweis, in dem sie 1876 als Geburtsdatum angibt. Walden verließ sie 1912, bald darauf Scheidung. Von da an wurde ihr schon immer bürgerliches Leben entwurzelt, sie lebte in Hotels, nie wieder in einer Wohnung. Sie nannte sich Jussuf, Prinz von Theben, schrieb Bücher über ihr fiktives Theben, gab Freunden phantastische Namen. Aus diesem

Umfeld nahm die begabte Zeichnerin nun auch die Motive ihrer Zeichnungen.

1912 begegnete sie Gottfried Benn, den sie Giselheer, den Nibelungen, den Barbaren nannte, der Austausch von Gedichten der beiden Lyriker legt nahe, dass dies eine Liebesbeziehung war.

Im 1. Weltkrieg verlor sie die meisten ihrer Freunde, vor allem Franz Marc, ihren «Bruder Ruben».

Mit dem schärfer werdenden Antisemitismus trat sie umso entschiedener als Jüdin auf, wandte sich mehr ihrem Volk und dessen Religion zu.

1927 starb ihr Sohn Paul an Tuberkulose.

1932 erhielt sie den Kleistpreis, damit die einzige große Wertschätzung ihres Werkes zu Lebzeiten, sie musste den Preis aber mit einem deutschnationalen Schriftsteller, den heute niemand mehr kennt, teilen.

1933 ging sie nach Zürich. Nach mehreren Aufenthalten in Palästina musste sie 1939 wegen des Kriegsausbruchs dort bleiben. Im Januar 1945 starb sie in Jerusalem.

Und die Anderen:

Shalom Ben-Chorin, 1913–1999, geboren in München als Fritz Rosenthal, Schriftsteller, Journalist, Religionswissenschaftler, emigrierte 1935 nach Jerusalem, setzte sich für die Begegnung jüdischer und christlicher Jugendlicher ein.

Gottfried Benn, 1886–1956, Lyriker und Arzt, blieb während des Nationalsozialismus in Deutschland, unterschrieb das «Gelöbnis treuester Gefolgschaft» für Hitler, avancierte zum Vorsitzenden der «Preußischen Akademie der Künste», sprach sich in dem Essay «Züchtung» für eine genetisch zu verbessernde Erbmasse aus. Allerdings konnte seine Lyrik den Nazis überhaupt nicht gefallen und Benn erkannte, mit wem er da paktierte.

Martin Buber, 1878–1965, geboren in Wien, jüdischer Religionsphilosoph, emigrierte 1938 nach Palästina, wurde Professor an der Hebräischen Universität in Jerusalem, setzte sich für einen binationalen Staat Palästina und die Versöhnung zwischen Juden und Arabern ein, Mitbegründer der politischen Partei *Ihud* (Vereinigung).

Amin al-Husseini, 1893–1974, Großmufti von Jerusalem, Antisemit, der die Vernichtung aller Juden anstrebte, ging 1941 nach Berlin, Mitglied der Waffen SS.

Wladimir Jabotinsky, 1880–1940, Begründer des revisionistischen Zionismus, plädierte für militärische Aktionen gegen die arabische Bevölkerung Palästinas.

Werner Kraft, 1896–1991, geboren in Braunschweig, jüdischer Schriftsteller, Bibliothekar und Literaturwissenschaftler, lebte ab 1934 bis zu seinem Tod in Jerusalem, lernte jedoch niemals Hebräisch. Er war Lasker-Schülers engster Vertrauter, führte Tagebuch über ihre Begegnungen, betreute und kommentierte später die Herausgabe ihrer Werke.

Leopold Krakauer, 1890–1954, geboren in Wien, Architekt und Zeichner, ging 1924 mit seiner Familie nach Jerusalem, seine Frau *Grete* war Malerin. Die Tochter *Trudi* (Trude Dothan, 1922–2016), hatte Lasker-Schüler schon bei früheren Reisen ins Kino und zum Zirkus begleitet.

Karl Kraus, 1874–1936, jüdischer österreichischer Schriftsteller und Publizist, bedeutender und gefürchteter Kritiker, er schätzte Lasker-Schüler hoch und förderte sie.

Isaak Luria (Lasker-Schüler schreibt immer: Lurja), 1534–1572, Rabbiner, bedeutender Kabbala-Forscher, seine Erkenntnisse wurden erst von seinem Schüler aufgeschrieben.

Fakhri Bey Nashashibi, Bürgermeister von Bethlehem, einer der Führer der moderaten Araber, die zusammen mit Juden und Briten eine Möglichkeit des Zusammenlebens suchten.

Franz Rosenzweig, 1886–1929, Historiker, Philosoph, jüdischer Religionsphilosoph in offenem interreligiösem Dialog.

Salman Schocken, 1877–1959, Kaufmann und Verleger, gründete der Kaufhauskonzern Schocken und den Schocken Verlag, der besonders jüdische Autoren betreute, 1934 ging er nach Palästina, 1940 nach Amerika, er unterstützte Lasker-Schüler durch eine Zusatzrente.

Miron Sima, 1902–1999, Maler, geboren in der Ukraine, studierte in Dresden, Meisterschüler von Otto Dix, ging 1933 nach Palästina, die Zeichnungen in seinem Buch *Lebensabend und Abschied von Else Lasker-Schüler in Jerusalem* gehören zu den wenigen Bildern von ihr aus dieser Zeit.

Ernst Simon, 1899–1988, geboren in Berlin, Religions-philosoph, Historiker, Pädagoge, ging 1928 nach Paläs-tina, Mitglied des Friedensbündnisses *Brit Shalom*, Grün-dungsmitglied der Partei *Ihud* (Vereinigung), die Wege für ein Zusammenleben von Juden und Arabern suchte.

Avraham Stern, 1907–1942, geboren in Polen, ging 1925 nach Palästina, studierte Altphilologie, schrieb Gedichte und ein Handbuch über den Gebrauch eines Revolvers, reagierte auf die drastische britische Einwanderungsbe-schränkung für Juden mit Gründung der Terror-Organisati-on Lehi, sah den Hauptfeind der Juden in den Engländern, versuchte darum ein Bündnis mit Italien und Deutschland.

Gerson Stern, 1874–1956, Schriftsteller, lebte in Wupper-tal, ging 1939 nach Palästina.

Abraham Ticho, 1883–1960, Augenarzt, seit 1912 in Je-rusalem, das Ticho House ist heute ein Restaurant mit ei-nem Museum, noch immer in seinem groß angelegten Terrassengarten, einer der attraktivsten Orte im Zentrum des modernen Jerusalem.

Manfred Vogel, 1923–1983, geboren in Berlin, Journalist, ging 1939 nach Palästina, schrieb u. a. für die Zeitschrift *Orient*, seine Erinnerungen an Lasker-Schüler (Archiv Wuppertal) sind nicht veröffentlicht.

275

Meira Weidenfeld, später *Meira Bein*, geb. 1929, Tochter von Lasker-Schülers letzter Vermieterin Leokardia Weidenfeld (Russin), wurde eine bekannte Kinderbuchautorin, sieht den Ursprung ihres Schreibens in den zusammen mit Lasker-Schüler erfundenen Kinderfilmen, von denen sie ihrer Mutter erzählte, weil sie nicht zugeben durfte, welche Filme sie mit Lasker-Schüler wirklich gesehen hatte.

Kurt Wilhelm, 1900–1965, geboren in Magdeburg, liberaler Rabbiner in Braunschweig und Dortmund, ging 1933 nach Palästina, gründete 1936 die Gemeinde *Emet W'Emuna* in Jerusalem.

Begriffe

Adon, hebräisch, höfliche Anrede: Herr

Blumenthals Neueste Nachrichten, deutschsprachige Zeitung in Palästina unter Britischem Mandat, gegründet von dem aus Berlin stammenden Siegfried Blumenthal.

Britisches Mandat, nach dem Zusammenbruch des Osmanischen Reiches wurde 1920 das Mandat für das Palästina genannte Gebiet den Briten übergeben, es umfasste das heutige Israel und die palästinensischen Gebiete.

Emet W'Emuna, Wahrheit und Glaube, von Rabbiner Kurt Wilhelm gegründete liberale Gemeinde, von Lasker-Schüler auch Wilhelm-Synagoge genannt, war in unmittelbarer Nähe ihres letzten Wohnortes.

Gewerett, hebräisch, höfliche Anrede: Frau, Dame.

Haaretz, liberale Tageszeitung (hebräisch: das Land).

Haganah, Untergrundorganisation, bestand vornehmlich aus sozialistisch zionistischen Pionieren, die das Ziel der Staatsgründung Israel vorrangig mit politischen Mittel

erreichen wollte, aber auch bewaffnet war und zu militä-
rischen Handlungen bereit.

High Commissionar, Hochkommissar, Leiter der Mandatsverwaltung, von 1938 bis 1944 war es Sir Harold Mac
Michael.

Ihud, kleine politische Partei, gegründet von u. a. Martin
Buber und Ernst Simon, die eine Aussöhnung von Juden
und Arabern und einen binationalen Staat anstrebte.

Irgun, radikale Untergrundorganisation, die sich von der
Haganah abspaltete.

Jischuw, jüdische Bevölkerung in Palästina vor der Gründung Israels.

Jewish Agency, offizielle Verwaltung jüdischer Einwanderer mit der Hauptverwaltung in Jerusalem, war bestens
organisiert, versorgte viele Emigranten mit monatlichen
Unterhaltszahlungen.

Lehi, Lohamei Herut Israel (Kämpfer für die Freiheit), von
den Briten als Stern Gang bezeichnet, kleine, äußerst
radikale Splittergruppe der *Irgun* unter der Leitung von
Avraham Stern.

Ohle Germania, Veranstaltungsort, Verballhornung von Olei Germania: deutsche Einwanderer.

Rehavia, Stadtteil nahe des Zentrums, meist kleinere Häuser mit Gärten, damals vorwiegend von Einwanderern aus Deutschland bewohnt.

Struma, die Geschichte der Struma ist inzwischen genauestens dokumentiert. Hier wird ausgegangen von dem, was die jüdische Bevölkerung damals wissen konnte. Nur eine Abweichung ist wirklich von Bedeutung: Es ist inzwischen erwiesen, dass die Struma von einem sowjetischen U-Boot torpediert und versenkt wurde.

Christa Ludwig
alle Farben weiß
eine Erzählung
153 Seiten, gebunden
mit Schutzumschlag
ISBN 978-3-7725-3020-3

Selina ist unzufrieden: Was sie will, das hat sie nicht, und was sie hat, das will sie nicht.

Als junge Restauratorin erhält sie den Auftrag, ein übermaltes spätmittelalterliches Bild freizulegen. Bei dieser Arbeit mischen sich zwei gegensätzliche, aber gleichermaßen skandalöse Bilder. Und auch in Selinas Leben kommt Bewegung. Hat sie sich getäuscht? War das doch Liebe, damals?

«Ein kleiner, feiner Roman mit einem sehr spannenden kunsthistorischen und theologischen Hintergrund. Eine kleine Perle abseits der Bestsellerlisten, die wir unserer Kundschaft sicher empfehlen werden!»

Katrin von Bergen, voirol -
Die Oekumenische Buchhandlung

OKTAVEN

Kristy Gunn
Untreuen
Kurzgeschichten
Aus dem Englischen
von Uda Strätling
216 Seiten, gebunden
mit Schutzumschlag
ISBN 978-3-7725-3021-0

Plötzlich scheren sie aus. Gehen fort aus dem Gewohnten.
Weg von Mann und Kindern, Familie. Unerwartet für sich
selbst und die anderen. Es ist ganz offenbar ein unvermeid-
licher Moment in ihrem Leben. Ob sie zurückkommen?
Nicht jede tut es. Präzise und poetisch durchscheinend erzählt Kirsty Gunn Geschichten von wortlosen Aufbrüchen
und stillen Selbstbesinnungen.

Ausgezeichnet mit dem Edge Hill Short Story Prize 2015.

«In Gunns Welt ist die Oberfläche niemals alles. Grandios.»
Kate Saunders, The Times

OKTAVEN

Agnés Desarthe
Die Chance ihres Lebens
Roman
Aus dem Französischen
von Cordula Unewisse
365 Seiten, gebunden
mit Schutzumschlag
ISBN 978-3-7725-3015-9

Zu dritt haben sie Paris verlassen, um ein halbes Jahr in den
USA zu leben – Hector, Sylvie und ihr gemeinsamer Sohn
Lester. Unter den aufregenden Herausforderungen der
neuen Umgebung nimmt jeder von ihnen einen unerwarte-
ten Weg.
Besonders für Sylvie, die eigenwillige Hauptperson und
emotionale Mitte in diesem ebenso sinnlich-anschaulichen
wie psychologisch feinen Roman von Agnès Desarthe, liegt
hier die Chance für Vergewisserung und Veränderung zugleich.

«Agnès Desarthe lässt ihre Magie wirken. In aller Ruhe
entwickelt sie einen Roman von großer Natürlichkeit und
immenser Tiefe.»

Raphaëlle Leyris, Le Monde

OKTAVEN

Catherine Cusset
Hockneys Leben
Roman
Aus dem Französischen
von Maja Ueberele-Pfaff
219 Seiten, gebunden
mit Schutzumschlag
ISBN 978-3-7725-3014-2

In den 1960er-Jahren fand er aus der englischen Provinz nach Los Angeles und wurde einer der berühmtesten Künstler der Gegenwart – David Hockney. Hochtalentiert, voller Selbstvertrauen, Freiheit, Liebe zum Leben und zu schönen Männern und mit Riesenfreude am Malen. Der glückliche Zufall gesellte sich dazu. Catherine Cusset erzählt den Roman eines Lebens, das fast wie ein Märchen erscheint.

Ausgezeichnet mit dem Prix Anaïs Nin 2018!

OKTAVEN

Marc Mauguin
Die Wartenden
Zwölf Kurzgeschichten zu Bildern
von Edward Hopper
Aus dem Französischen
von Cordula Unewisse
192 Seiten, gebunden
mit Schutzumschlag
ISBN 978-3-7725-3012-8

Zu welcher Person, welchem Leben könnte dieser im Bild
wie eingefrorene, absolute Moment gehören?
Marc Mauguin lässt sich von zwölf Gemälden Edward
Hoppers zum Erzählen inspirieren. Seine Kurzgeschichten, angesiedelt im zeitgenössischen Amerika des Malers,
entfalten mit einem Hauch von Melancholie kleinere oder
größere Dramen, die an einen Wendepunkt kommen. – Eine
faszinierend vielseitige Lektüre für Literatur- und Kunst-
begeisterte.

«Eine hoch verdichtete Kurzgeschichtensammlung …, die
den Leser als Voyeur und mit leichter Gänsehaut sowie mit
uneingeschränkter Bewunderung zurücklässt.»

Ulrike Schmoller, litterula

OKTAVEN

Mary und Padraic Colum
Unser Freund James Joyce
Aus dem Englischen von Klaus Pemsel
Mit einem Vorwort von Fritz Senn
288 Seiten mit s/w-Fotos,
gebunden mit Schutzumschlag
ISBN 978-3-7725-3005-0

«Von allen Schriftstellern der Gegenwart hat Joyce womöglich die höchste Anerkennung für den Humor, der sich aus dem gewöhnlichen Leben ergibt.»

Padraic Colum

Joyce in jungen Jahren als Dubliner ‹Type›, auffällig legendenumrankt, Joyce als Autor, als Geschäftsmann, als Mensch: in vielen Facetten tritt James Joyce vor Augen in diesen Erinnerungen seiner Freunde Mary und Padraic Colum.

«Wer Joyce schon kennt, bekommt vielerlei lebendige zusätzliche Einblicke, für Anfänger ist *Unser Freund James Joyce* ein anregender, freundlicher Einstieg.»

Fritz Senn

OKTAVEN